誰も知らない「死刑」の舞台裏

近藤昭二

二見レインボー文庫

はじめに

二〇一八年七月六日の早朝、折りから降りしきる雨のなか、スーツ姿の身なりの整った男たちが、東京拘置所の通用門をそそくさと通り抜けていった。東京地検の総務課長らで、これから執行される死刑に立ち会うためである。

この日処刑されたのは、一九九五年三月に起きた地下鉄サリン事件など一三の事件で殺人罪などの罪に問われ、死刑が確定したオウム真理教の教祖・麻原彰晃《あさはらしょうこう》こと松本智津夫《ちづお》（六十三歳）と教団元幹部の二人。それと同時に大阪、広島、福岡の拘置所でも四人、続いて二十六日には、東京、名古屋、仙台の拘置施設で元幹部六人の処刑が行なわれた。

この各地に分散しての大量同時執行というのは、死刑執行の歴史の上でも異例、特段の処置だった。戦後最大の規模でほかにはなく、この二〇年の間でも、四人が最多であった。同じ教団組織の一連の犯罪というケースでもあり、また執行する刑務官の負担に配慮すれば想定されないことでもなかったが、執行命令者の上川陽子法務大臣はなぜこの運び、このタイミングを選んだのだろうか。

地下鉄サリン事件（死者一三人）、松本サリン事件（同八人）、坂本弁護士一家殺害事件（同三人）などオウム事件で死者は併せて二九人、負傷者は六五〇〇人を超す。

そもそも執行をいうより前に、膨大な被害者を出した一連のオウム事件で、異例という点では、サリン事件ひとつとっても事件そのものが日本では前代未聞のテロ事件であり、犯行の場所も狙いもサリンという凶器も治安当局がすぐさま対処できないような異例な代物だった。

おかげで、地下鉄サリン事件の前にひき起こした松本サリン事件では、サリンが噴霧された現場のすぐ前に住んでいて、被害にあった河野義行（六十八歳）を容疑者として誤認逮捕したり、地下鉄の煙りの正体をサリンだと同定するのに六日間もかかるという始末だった。

麻原は公安と警察の動きを察知していた。近く教団に警視庁の強制捜査が入るという情報をキャッチすると、麻原は、日本政府の官庁や警視庁がある霞が関の地下鉄をサリンで狙うという計画、出勤する官僚や警察官を襲って混乱を引き起こし、捜査の攪乱《かくらん》を図ろうという井上嘉浩《よしひろ》（七月六日に死刑執行。四十八歳）ら側近幹部たちの提案に同意する。

共同謀議が行なわれたのは、今から二三年前、一九九五年三月十八日の未明、山梨県上《かみ》九一色《くいしき》村の教団第6サティアンにあった、麻原の右腕・村井秀夫（麻原に総指揮者に命じられ、事件後、暴力団員関係者に刺殺された）の部屋である。

地下鉄の三つの線に乗りこみ、サリンをまく実行役として林泰男、広瀬健一、横山真人、豊田亨の四人（いずれも七月二十六日に死刑執行）が選ばれ、さらに麻原の意向で林郁夫（無期懲役で確定）も加えられた。

五人に用意されたのは、サリン入りのビニール袋一一個と先をとがらせたビニール傘五本。村井からひとり二個ずつ袋を受け取り、希望して林泰男だけが三個受けもった。ビニールは二重になっているので、傘で突き刺してサリンを撒布する前に外側をはずし、ほかの乗客に怪しまれないように、新聞紙で包んでおくことなどを打ち合わせた。

霞が関の官庁の登庁時間は午前九時三十分だが、警視庁は八時三十分、ならばひとりでも多くの警察関係者を狙うために、「バラバラに実行じゃまずい。八時にいっせいに実行して、次の駅で降りろ」という井上嘉浩の指示で、決行時間は八時と決まった。

オウムの一連の事件では、結局一九二人の信者たちが逮捕・起訴された。そのうちの二人だけが無罪となり、それ以外の一九〇人は有罪、一三人が死刑、六人が無期懲役となった。ちなみに、一七年もの間逃走しつづけ、ようやくつかまった菊地直子が、無罪となっ

サリン実行犯5人の乗車・降車駅と死者数

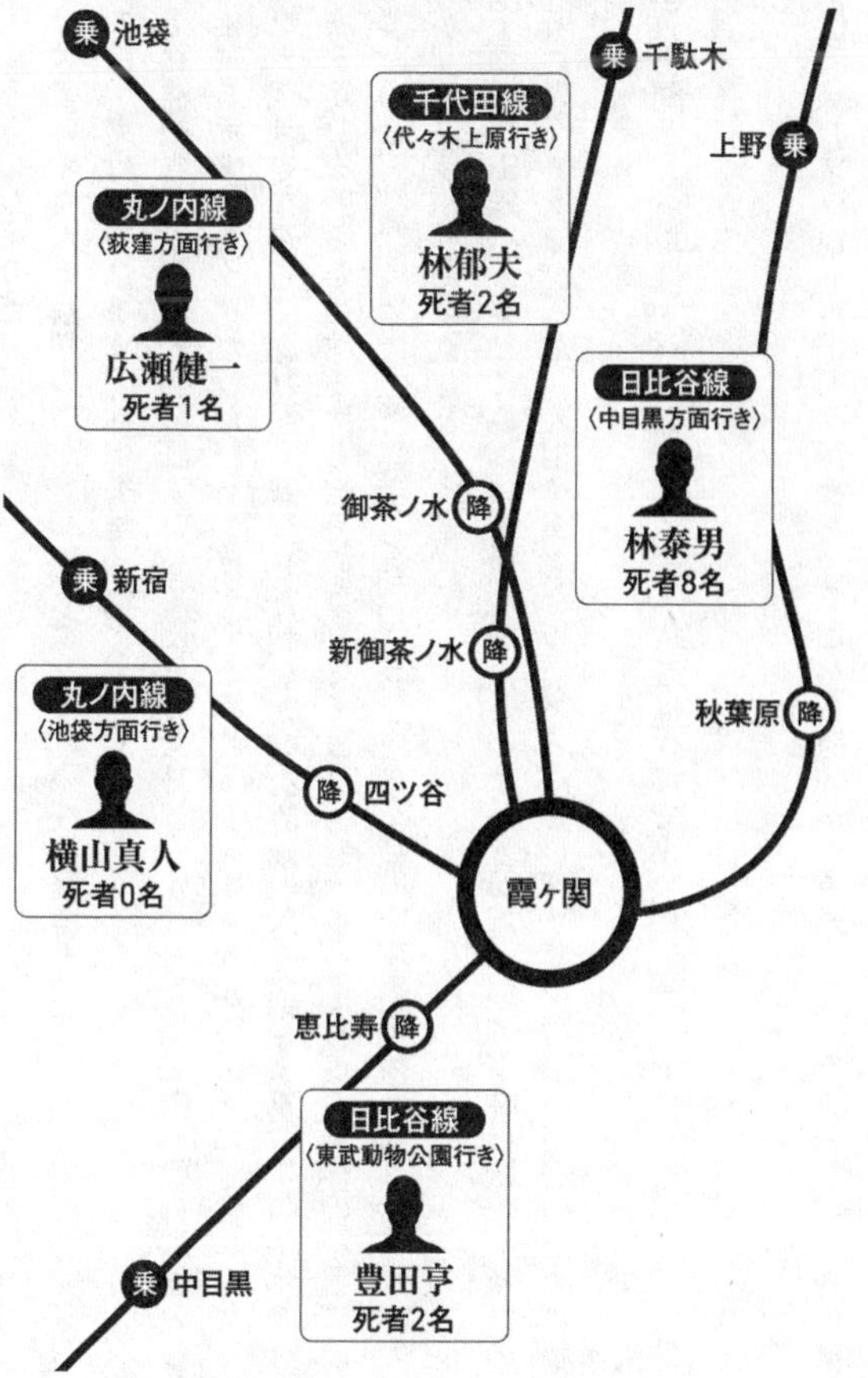

た二人のうちのひとりだ。

その数多いオウムの裁判のなかで、地下鉄サリン事件の経緯を法廷で初めて詳しく証言したのは、実行役のひとり、林郁夫だった。

井上嘉浩被告の第四回公判に証人として出廷した林は、かつての高名な心臓外科医としての相貌も威厳もなく、たびたびハンカチであふれる涙をふきながら必死に証言した。

オウム裁判をながらく漏れなく記録した朝日新聞の降幡賢一元編集委員によると、「麻原のまやかしを明らかにする」と自分の裁判でそう発言してきた（林の）覚悟の証言に涙が伴ったのは、「教団の犯罪」に軽々と利用されてきた自分への悔悟の気持ちからなのだろうか、というふうに見えたという。

地下鉄千代田線への乗りこみ、いよいよ決行というときが近づいて、林は駅のトイレの大便所に入って準備をした。人相を隠すためにマスクをし、サリン汚染の用心のために手袋をはめた。

聖教新聞とショルダーバッグでビニール袋をはさんで小脇に抱え、トイレを出た、と林は証言する。

「千代田線のプラットホームへ行った。そこから何分かかるか、ということと、八時の実行時間にちょうどいい電車を時刻表を見て調べた。新御茶ノ水まで十三分かかることが分かった。発車時刻七時四十八分の電車に乗ることにした。

　時刻表を見終わって前の方に行くと、イスがあって、その上に電光掲示板があった。七時三十九分だった。イスに腰かけていろいろと考えた」

――（検察官）どんなことを考えたか。

「まあ、いろんなことがあって、見ていると、いろんな人が集まってきましたから、内心いろんな葛藤がありました。女の人とか子どもを見たときです」

――どういう気持ちです。

「それはやっぱり……いやですね」（水を飲む）

――いやだが、最終的にサリンをまいたのは、やらなくちゃいけない、という気持ちですか。

「そうですね。まあ、麻原が言っていたのは、今が戦いである、と。戦いだからしょうがないと思ったが、男の人には戦いだが、女子どもまでは、と。麻原が指示したこと、いろんな人のカルマ（業）を見て、ポアする（死ぬことで魂が高い位置に到達できる、と麻原が殺害の指示に使っていた言葉）、高い世界に行くんだろう、と。今から見るとバカみたいなことに、それにすがっていました。

七時四十八分発の電車は予想に反して始発電車ではなかった。地下鉄が着いたとき、込んでいて座れなかった。（込み具合は、と聞かれてハンカチを出して泣き出す）自分では選べないけれど……」

――車内でどんなことを考えていましたか。

「調書に載っているようなことです。私がやらなければならなくなったのはどういうわけだとか、どこでサリン袋を取り出して降りるかとか、周りにいる人とか、いろんなことを考えました」

――周りの人のことを詳しく。

「気になったのは、右斜め前にいた女性のこと。その人は確実に死ぬだろう。途中で降りてくれたらいい、と」

――ビニール袋を床に置くにはどうしたか。

「もともと左わきに抱えていたので、かがんでは置けない。足の間に落とせば自分の前に落ちるだろうと、落とした。新御茶ノ水駅に入って減速したころ、足の間を滑らせて落とした。あまり足を広げられないので、足の間を滑り、つま先あたりに落ちた。聖教新聞はそのまま左手に持っていた。

袋は広い面が上に向く形で床に転がった。駅に止まったので、サリンの袋を右手の傘で突いた。はじめの一回は手応えを覚えている。二、三回突いたと思うが、記憶がない。手応えは突き破ったというより、ちょっと弾力があって、ブチッというような。

降りる人波に従ってプラットホームに降りた。ただちに大きな騒動が起こると思ったが、実際には起きなかった。乗っていく人もたくさんいるようだった。少なくとも乗り換えまではっきり見たと思うが、電車を止めるような騒ぎにはならなかった。実際に自分が刺したのかな、と思った」

――突き破ったかどうか、分からなかったのか。

「人波から横にはずれるような形で傘の先を見た。滴がついていた。やっぱりやったんだな、と思った」(『オウム法廷〈2上〉』降幡賢一)

改札口を出て地上にあがると、運転手役の新実《にいみ》智光《ともみつ》(七月二十六日に死刑執行。五十四歳)が待っていた。その車に乗りこんでまっすぐ渋谷のアジトに行った。

ほかの地下鉄線でほぼ同時刻に同じ行動をとったほかの四人も、それぞれの運転手役とともにこのアジトに戻ってきた。

彼らの耳にはまだ届いていなかったが、傘の先でビニール袋を突いた結果は、六〇〇〇人以上の人が負傷し、ビニール袋を片づけていた霞が関駅の助役ら二十一歳から九十二歳の一三人が死亡するという未曽有の大惨事となっていた。

二日後、警視庁などは教団施設の一斉捜索に乗り出した。

捜査は当初難航したが、さきに別件で逮捕された林郁夫が関与を認めたために、二カ月後、上九一色村の施設の隠れ場所に潜伏していた麻原教祖が逮捕された。

その後、麻原の公判だけでも二五七回の法廷が開かれ、出廷した証人の数は延べ五二二人、審理を重ねた末、麻原はじめ教団の幹部一三人に死刑の判決が下った。

「死刑は当然だ。それだけ残虐なことをしたのだから身をもって罪ほろぼしをすべきだ」

「死刑と決まったやつを、なぜ我々の税金を使って永らえさせておく必要があるのだ」

という声もあれば、一方、

「厳しい処罰、死刑制度に犯罪の抑止力はない、という調査結果がある。かつての仇討《あだう》ちと同じような、ただの復讐でいいのか」

「はたして法の下に人命をたっていいのか」

という反対の声もあがり、長い間論議を呼んできた。

オウム最古参の幹部・岡崎《おかさき》一明（七月二十六日に死刑執行。五十七歳）に、最初の死刑判決が下った一九九八年十月以来ちょうど二〇年、この間、死刑の執行はなかった。逃走している最後の容疑者がつかまり、その裁判が終結するまでは、すでに確定している死刑囚の執行はできない。容疑者の法廷に証人として出廷する可能性もあるからだ。

しかし、ついに二〇一八年一月、最高裁が最後の被告・高橋克也（無期懲役）の上告を棄却、一連のオウム刑事裁判がすべて終結して、今度のオウム幹部一三人の執行につながった。

上川法相は、一三人の執行を終えた二十六日当日の記者会見で、

「国民世論の多数が凶悪犯罪については死刑もやむをえないと考えている。廃止は現状では適当ではない」

と述べている。

日本では厳罰化の流れもあって、二〇〇〇年以降は一審での死刑判決が九〇年代の水準より増えている。

アムネスティ・インターナショナルによれば、世界では三分の二以上の国々が法律上または事実上、死刑を廃止していて、ここ十数年、さらに増加する傾向にあるという。

そうしたなかで、私たち日本人は「人の命を奪う」死刑に直接、向き合わなければならない。

裁判員制度により、市民の誰しもが死刑を含めた量刑の判断に参加する立場にある。

死刑の判断は、いったい何を基準にしているのだろうか。量刑の基準も時代とともに変わっているのではないか。裁判官しだいで変わってしまうのか。

しかし、死刑というものは国が人間の命を奪う究極の刑罰である。そんな相対的なものであっていいはずはない。そもそも、わが国で死刑制度を存続させているのはどんな論理によってなのか。

死刑制度の実際については、なかなか一般に論議もされないし、口の端《は》にものぼらない。そうした犯罪は自分たちに何の関係もないと、法務当局も密行主義・秘密主義をとっているためだ。

本書では、旧版以後の新しい材料を加え、容易に手に取って死刑制度の問題を考えられるものになるように心がけた。

なお、本文中の敬称は基本的に省略させていただきます。

本書の制作にあたってテキサス州の取材をお願いし、原稿整理などの援助をいただいたオフィスＴＯＭＡＴＯの岩本道子氏に感謝いたします。

二〇一八年九月

近藤昭二

目次

第1章　見せしめの残酷刑から人道的処刑へ

第2章 日本の「死刑」も時代とともに変貌

第3章　「最期の日」までの死刑囚の日々

厚い壁に閉ざされた死刑囚の獄中生活

死刑か無期かに揺れる被告たち

第4章　死刑制度の危険な落とし穴

序章　謎だらけの「死刑」の真実に迫る

いま、なぜ、死刑が注目されるのか

・オウム裁判での「死刑」と「無期懲役」の違いとは

オウムの引き起こした一三の事件のなかでも最も重大なサリン事件で、地下鉄に乗りこみ、サリンを撒布した五人の実行役の犯行手順は、総指揮者の村井秀夫、現場指揮者の井上嘉浩から指示を受けた、ほぼそのとおりの同じ行動をとっていた。

地下鉄丸ノ内線の新宿駅から電車に乗りこみサリンをまいたひとり、横山真人（二〇一八年七月二十六日に死刑執行。五十四歳）は公判で次のように証言している。

「二両目の一番後ろのドアから入って、入った入口と反対側の窓側に外を向いて立った。電車は肩が触れあう程度の込み具合だった、と思う。

最初に手袋をはめようとしたが、うまくいかなかった。傘を持ち替えようと動かしたところ、左前の男性に傘がぶつかった。男性は少し足元を見たが、そのままだった。

サリン入りの袋の包みは、ハンカチを持っていたので、（指紋が残らないように）ハンカチで摘んで取り出すことにした。四ツ谷駅から一つか二つ前の駅で出したと思う。自分の体の前に手で持っていって、それから、手を離して落とした。どのあたりか、見ていないので分からないが、足元の近辺に落ちたと思う。音がしたので、周りの人は気づいたかもしれない。それをじっと見ている人がいたかどうかは、分かりません。包みは足で引き寄せて、両足で挟んだ。そのときサリンの袋の形態がどうなっていたか見ていないので分からないが、立っていた可能性はある」

——（検察官）突いたか。

「はい」

——どこで突いたか。

「えっ？」

——どのあたりに電車が来たときか。

「四ツ谷駅の一つ前の駅と四ツ谷駅に着く間の時間帯です。両手で突いた。息は止めました。感触はあったが、すぐに抜かずに、刺したままにしていた。ドアが開いたときに、引き抜いて逃げるつもりで、実際、ドアが開いたときに引き抜いた。降りかけながら、もう一度傘で突いたとは思うが、当たったかどうか。数回動かしたと思う」

（ここで裁判長が割って入って）

——動かした、というのはどういうこと？　上下に動かしたのか。

「はい」

——降りる間際なので、当たったかどうか分からない、ということか。

「はい」（『オウム法廷〈2下〉』降幡賢一）

先に「はじめに」のところで述べた林郁夫の供述とほとんど同じ動きである。

無差別に大量の人を襲うという目的も、自分たちの修行達成のためで、衆生《しゅじょう》の魂の救済、煩悩《ぼんのう》の苦しみから解放し解脱させるためである、そのためには暴力で他者を傷つけること、奪うこと、だますこと、殺すこともなさねばならぬのがタントラ・ヴァジラヤーナの教えだ、という麻原教祖独自の教義を盲信して、その指示に盲従しているところも五人とも同じである。

その教義にもとづいて、上九一色村の施設での謀議、ビニール袋を突く練習、渋谷のアジトでの準備、新聞紙の購入から犯行後の傘の洗浄、引き揚げまで五人が同様の行動をとっている。

ただ犯行の結果、被害にあった死亡者数が違う。

林泰男　日比谷線（中目黒方面行き）　死者八名
豊田亨　日比谷線（東武動物公園行き）　死者二名（二〇一〇年に認定された一名を含む）
広瀬健一　丸ノ内線（荻窪方面行き）　死者一名
横山真人　丸ノ内線（池袋方面行き）　死者〇名
林郁夫　千代田線（代々木上原行き）　死者二名

そして、裁判の結果にも大きな違いが出た。

横山ら四人に死刑、林郁夫ひとりに無期懲役の判決が下ったのである。

横山がサリンをまいた荻窪発池袋行きの車内からは死者は出ていない。横山は気の弱さが手伝ってか、二袋のビニール袋のうち一つの袋にしか傘を突き立てられなかった。障害をあたえたのも四名にとどまった。

ひとりの死者も出ていないのに横山は死刑、片や二人を殺したのに無期懲役という判断が下った林郁夫。この大きな違いはどこからきたのか。公判で裁判官のうけた心証の違いからきたものなのか。

法廷での横山と林郁夫の証言態度の違いはどうだったのか。

もともと横山は、東海大学工学部応用物理学科を卒業後、群馬県の通信機器メーカーに就職し、生産技術を担当する技術者として働いていた。麻原の著書に出合い、二年後に入信、出家信徒となった。

公判では「沈黙の男」と呼ばれるほどに、黙秘をつづけ、教団の幹部が「あの男は、人づきあいが苦手で口が堅い。地味でまじめな技術者という感じ」と評するとおりの様子で終始うつむいたまま、裁判官が説得しても、弁護人がすすめても容易に口を開かない。ようやくしゃべっても裁判官が聞き取れないほどの小声で話すばかりだった。

犯行については、「不特定多数の人を殺害するつもりはなく、サリンが人を殺すほどの薬物とは知らなかった」と主張した。

また逮捕当時に、取り調べの検事から歯を折るほどの暴行を受けて事実でない自供調書をつくられたとも主張し、それが認められないころからは、ほかの被告の法廷に証人として呼ばれても、いっさいの証言を拒否しており、教団を捨てきれぬ気持ちも残っていて「麻原」をまだ呼び捨てにすることもできずにいた。

一方の林郁夫も麻原教祖に帰依する心は強かった。高名な心臓外科医の身分をふり捨てて、資産をすべて処分した八千万円と乗用車二台を布施して、妻子とともに教団に出家するほどで、麻原に心酔し、終始気に入られるように行動していた。

しかし、林はそこから解放されるのも早かった地下鉄サリン事件から一九日目の四月八日、逃亡中の林郁夫は石川県の国道で放置自転車を盗んだ「占有離脱物横領」の容疑で逮捕された。

この日から黙秘や断水断食などで頑なに取り調べを拒んでいたが、その胸中は幾重にも変化をきたしたようだ。

「出家者」として「グルの意志」に従おうとする思いは、黙秘を守るため、自殺まで覚悟させもしたが、現実に多くの被害者の死に直面することで、自分が実行してしまったことに大きな疑問を覚え、麻原教祖に対する疑念を膨らませることになる。

取り調べがつづいて一カ月、別の容疑者の件についての取り調べが一日かけて行なわれた五月六日、

「じゃあ、明日また……」

というI警部補の声に、林容疑者は、

「サリンをまきました」

と自供を始めたのである。

実質的に事件全体で初めての自白だった。

林容疑者に対して、罪の重さからいえば「死刑相当」というのは、判決を書いた裁判官も認めるところだった。しかし、検察は初めから「無期懲役」を求刑している。

こうした結論がどこから出てきたかといえば、まず第一に捜査機関に発覚する前に地下鉄サリン事件を告発したことが「自首」にあたるとされたことがあげられる。自ら進んで事実を語り、戦後最大の組織犯罪の解明に協力、教団の解体や将来の犯罪防止につながったということが認められ、極刑を回避させる理由となった。

加えて、公判中の林被告の態度にも「生」と「死」を分ける要素が含まれていたようだ。

「やっぱり私は生きてちゃいけないと思う」

公判でそう語った言葉が印象的だと、いくつかのメディアでも取り上げたが、公判での林は「麻原のまやかしを明らかにする」覚悟を見せて、ときに号泣、あるいは怒りを全身にたぎらせて、教団を追及した。「悔悛の情」を感じさせる彼のこの態度が、この裁判の結果に少なくない影響を与えたことは確かだろう。

逆に、横山の方の判決では、

「共謀共同正犯者として、他の路線をも含めた結果全体について責任を負うべきである」

「単に黙秘権を行使しただけでなく、証拠上優に認定できるサリンの毒性に対する認識や殺意をいたずらに否認した上」

「麻原個人や教義の欺瞞性あるいはオウム教団自体の危険性、反社会性に覚醒することなく、いまだオウム教団を脱会せず」

「被告人の反省悔悟の念は、とうてい真摯なものということはできず」

「林郁夫に対する量刑に思いを致しても、被告人に対しては死刑をもって臨まざるを得ないと考える」

として、死刑を選んだ。(『オウム法廷〈8〉』降幡賢一)

横山は判決後、「死刑になったほうが少しでも被害者に納得してもらえるかもしれない」と弁護人に話したという。こちらも深い「反省悔悟の念」を感じさせるのだが。

併せて一三人が執行されてから約一カ月後、八月二十六日、テレビ東京が独自に入手した東京地検の「求刑再検討一覧表」という文書が放送された。

オウムの事件で起訴された百数十名に対する求刑を一括で決めるのには、それが公平さがあるか説得力があるか、適正な判断をしたというための材料があったほうがいいとして作成された一覧表だという。

表は、各被告人ごとに、犯した罪名は何か、犯罪行為は、情状はどうかを点数化していって、合計点で量刑を評価したものとなっている。

たとえば、麻原の地下鉄サリン事件でいうと、罪名は「殺人・同未遂罪、首謀者」で「20点」。坂本弁護士一家殺害が「15点」、落田リンチで「4点」など、一五の事件併せて

「84点」で死刑の求刑となっている。

横山と林郁夫の評価はどうなっているか。

横山は、地下鉄サリン事件で「殺人・同未遂罪」の「実行行為者（サリン撒布）」、評点は「15」で「死刑」の求刑。

林郁夫は、地下鉄サリンでは横山と同じく15点、それに、仮谷拉致事件の「逮捕監禁致死罪」の「実行行為者」の3点が加わって「18点」で「死刑」の求刑となっているが、ただし、情状の欄には「マイナス6」と記され、評点12で、「死刑→無期」となっている。取り調べが自首扱いを受け、その証言で地下鉄サリン事件の実行者を特定でき、捜査に協力したという情状が酌量されたためだという。

「無期懲役」から「死刑」に変わった「光《ひかり》市母子殺害事件」

山口県光市の社宅アパートで事件が起きたのは、一九九九年四月十四日の午後二時半ごろ。強姦が目的で、排水検査を装って居間に侵入した当時十八歳の少年は、その家の主婦に後ろから抱きつき、引き倒して馬乗りになって強姦しようとしたが、激しい抵抗にあったため頸部を押さえこみ窒息死させ、その後屍姦した。

さらに少年は、主婦のそばで泣きやまない生後十一カ月の赤子を床にたたきつけ、頸に紐を巻きつけて窒息死させた。

そして、盗んだ金を使ってゲームセンターで遊んだりしていたが、事件から四日めに逮捕された。

当時少年は満十八歳と三十日だったため（法的に年長少年という）、最初家庭裁判所に送られて調査を受けたが、事件の重大性から裁判所は検察庁に逆送して一般事件と同様の扱いを受けさせることにした。

山口地裁で検察側は死刑を求刑したが、判決は無期懲役を宣告した。それを不服として六日後には検察官が広島高裁に控訴した。

控訴審の大半は、少年の「不謹慎な手紙」に関する審理に費やされたといえる。第五回公判（二〇〇一・四・二六）で検察官は、少年が一審公判中に拘置所で再会した友人に出した手紙二三通を、反省が見られない証拠として提出、その評価をめぐって紛糾した。わいせつな言葉のあふれているものや、「七年そこそこで地表にひょっこり芽を出すからよろしくな」「裁判官、サツ、弁護士、検事、私を裁けるものはこの世におらず」などと司法を馬鹿にしたり犯行を茶化したりする類の手紙である。

それでも裁判所は、公判での少年の供述や家裁での鑑別結果や調査から見て、これらは

「自分の犯した罪の深刻さを受け止めきれず、それに向き合いたくない気持ちのほうが強くて、考えまいとしている時間のほうが長いようで」、虚勢を張っているのだと見る。そして不十分だけれども、ときおりは、悔悟の気持ちを抱いていると見て、一審の無期懲役の判決を維持、検察官控訴を棄却した。

最高裁は、死刑を適用すべきかどうかを判断する場合には口頭弁論をひらく。二審判決から四年一カ月後にようやく口頭弁論をひらき、その結果、原判決の無期懲役を破棄して高裁に差し戻し、死刑判決となった（被告に不利になる場合は、最高裁は破棄しても通例自分のところで自判せず、差し戻して審理を尽くさせる）。弁護側は即日上訴し、二〇一二年二月二〇日、最高裁において死刑確定となった。

高裁で、死刑と無期懲役との違った判断が出たわけだが、それでは、死刑を選択するかしないかのポイントは、どこにあるのか。

その基準が初めて明らかになったのは、一九八三年の永山則夫事件に対する最高裁の判決である（187・196ページでもふれる）。つまり、

1. 犯行の罪質
2. 動機

3. 態様
4. 被害者数
5. 遺族の被害感情
6. 社会的影響
7. 犯人の年齢
8. 前科
9. 犯行後の情状

の点を検討して判断すべしというのである。

さらに、一九九九年末に最高裁は量刑を決める要素として、つぎの五点をあげている。

1. 殺人の前科
2. 殺人の計画性
3. 犯罪の主導性
4. 動機への情状
5. 犯行後の反省

第2の項目以外は、いずれも先の永山判決を厳密にしぼったものである。

3は共犯事件の場合で、その犯罪の計画・指導・推進にどれだけ深く関わったかという点を重視して考慮せよというもの。

4は、たとえば金銭めあての犯行でも、遊興費めあてならば酌量の余地はないが、会社の運営上の問題とか生活費の不足によるものならば酌量の対象になる。

5の点では、深い反省は刑を軽くする理由になるが、この情状をあまり重視すべきではないともいっている。

この光市母子殺害事件の裁判では、死刑を採択するかどうかはきわめてきわどい境界線上にある。

被告の少年は中学三年のころから性行為に強い興味をもつようになり、かねがね早く性行為を経験したいという気持ちを強めていた。配管工事会社を欠勤した事件当日、自宅で昼食をとったあと外出し、「美人の奥さんとむりやりでもセックスしたい」などと考え、紐や布テープを用意したうえで、日中若い主婦が留守をまもるアパートの棟をつぎつぎ物色して回り、排水検査の作業員をよそおって被害者宅に上がりこんだ。

激しく抵抗する被害者の頸部を締めつけて殺害し、万が一の蘇生に備えて両手首を布テープできつく縛り、鼻と口にもテープを貼って強姦の目的をとげる。さらに、泣き声から犯行が発覚するのをおそれて乳児を床にたたきつけ、泣きながら母親の遺体に這い寄ろうとするその頸に、持ってきた紐を巻きつけて絞殺した。

先の死刑の基準に照らしてみると、これらの犯行の罪質はきわめて悪質であるし、動機には酌量の余地もない。犯行の態様・手段方法も冷酷で残虐なものだし、若い主婦といたいけな乳児ふたりの命を奪った結果も重大である。被告は、殺害後、乳児の遺体を押し入れの天袋に投げ入れ、主婦の遺体を押し入れに隠して発覚を遅らせようとしているし、被害者の財布を盗むなど犯行後の情状もよくない。

被害者の遺族は極刑を望んでいるし、事件が社会に与えた影響も大きいと見られる。先の基準の1から6の要素まで、いずれも死刑を選択するのにかなっている。

ところが、一審・二審ともに無期懲役を選択したのは、年齢・前科・犯行後の情状・計画性の点によってであった。

二審の判決は、強姦の点についてこそ計画的だが、殺害行為は計画的なものではないとする。また、不十分ながらも、被告人なりの反省の情が芽生えていると判断、育った環境の不遇が悪影響を及ぼしており、年齢も十八歳と三十日の少年であって内面の未熟さが目立つが、窃盗の前科しかないところからも犯罪的傾向は顕著でないし、刑務所での矯正教育で改善され更生する可能性がないとはいえないとみる。したがって、死刑もやむをえずとまではいえないとして、無期懲役の刑を選択していた。

しかし、最高裁と差し戻し審では、まさにこれらの同じ点、計画性・犯行後の情状・年齢という要素で全く逆の判断をしたのである。

最高裁の判決では、殺害についての計画性がないことは、死刑を避けるような有利な事情ではないといっている。

また、少年の成育環境についても、中学時代に実母が自殺したり、実父がその後若い外国人と再婚して、事件の三カ月前には異母弟が生まれたりして不遇、不安定ではあったが、「高校教育も受けることができ、特に劣悪であったとまでは認めることができない」としている。

反省の程度も不十分で、結局のところ、斟酌《しんしやく》するのに値するのは、年齢の点だけだという。しかし、それも「死刑を回避すべき決定的な事情であるとまではいえず」というのである。

「死刑」の選択と「無期懲役」の境界線は、実はあいまいなのである。特に3の犯行の態様つまり残虐性の程度、6の社会的影響についての判断は、担当する裁判官の価値観や感受性によって大きく変わってくると思われる。

死刑が絶対的に避けられるのは、犯行時に心神喪失・心神耗弱であったか十八歳未満であったかのみである。

それにしても「死刑」と「無期懲役」の格差は大きい。日本の無期懲役は決して終身刑ではなく、形式的には一〇年経つと仮出獄が可能となって、実際には二〇年に満たないうちに社会に復帰してくるのである。

死刑判決を下されるのはどんな犯罪？

現行の法律では、もっとも重い刑罰が、いうまでもなく「死刑」。そして、つぎに「無期懲役」となるが、このふたつの落差はあまりにも大きい。

死刑確定囚になると、その時期は一年後か二年後か、わからないが、死刑執行の日まで生きながらえる。

一方、無期懲役の判決を受けた者は、社会に復帰できる日までを塀のなかで暮らすわけだ。懲役刑を受け、罪を清算すれば、人生をやり直すことができる。

たとえば、懲役二〇〇年とか、三〇〇年といったような、途中、どんなに悔い改めて減刑されようと、ふたたび一般社会の生活をすることはできないといった刑罰は、日本の法律のなかにはない。

では、死刑という、この特別に重い刑罰を受けなければならない罪とは、いったいどんなものなのだろうか。殺人を犯した者が、かならずしも死刑を求刑されるのではないことは、はっきりしているが、求刑の基準は決して単純なものではない。

現在、日本の死刑該当罪には、つぎのようなものがある。

①内乱首謀罪
②外患誘致罪
③外患援助罪
④現住建造物等放火罪
⑤激発物破裂罪
⑥現住建造物等浸害罪
⑦汽車転覆等致死罪
⑧往来危険による汽車転覆等致死罪
⑨水道毒物等混入致死罪

⑩殺人罪
⑪強盗致死罪・強盗殺人罪
⑫強盗強制性交致死罪

以上の一二項目は刑法で死刑が定められているが、このほかに特別法で組織的な殺人、航空機墜落致死、航空機強取致死、人質殺害、爆発物使用、決闘殺人の犯罪にも死刑は適用されるとある。

このなかで、戦後、死刑を執行された者の罪名は、ほとんどが強盗殺人、殺人、強盗強制性交致死の三つだった。

犯罪を犯した者にとっては、動機や殺害方法などで死刑を求刑されるかどうかが決まる。たとえば、「殺人には死刑または無期もしくは三年以上の懲役」が適用されるが、これが強盗殺人になると、「死刑または無期懲役」と、その量刑は厳しいものとなる。一九九七年、長い逃亡生活のはてに逮捕された福田和子被告が裁判で「家具を運ぶ車は用意したが、強盗する意思はなかった」と主張しつづけたのは、この差があるからだ。

オウムの林郁夫被告への求刑後、連続企業爆破事件の被告として、一九八七年三月に最高裁で死刑が確定し、二〇一七年五月に病死した大道寺将司《だいどうじまさし》死刑囚は、支援グループの機関誌のなかで、つぎのように表明している。

「学問があり弁が立つ被告は謝罪を口にできるから、情状の違いは、被告の社会的、経済的な地位の高低に対する差別から発している」

判決を下す裁判官が死刑制度をどうとらえているかによっても、当然のことながら、量刑に違いは出てこないだろうか。

個々の事件がどの面を切り取ってみても、すべて異なる以上、死刑判決の基準はきわめて不明確なものといわざるをえない。

日本では年間に何人が死刑になっているのか?

一九九八年六月二十五日、刑の確定していた三人の死刑囚に対して、死刑が執行された。この時期、国会は閉会中で、しかも参院選の公示日だったことから、衆院法務委員の保坂展人代議士は、

「国会では死刑に関する議論が始まったところだ。議員が議論することができない公示日を選んで死刑を執行するのはフェアではない」

と抗議した。

ここ20年の日本の死刑確定者数と執行数は？

上段：確定者数　下段：執行数　（1998～2017年）

年	確定者数	執行数
1998 (H 10)	7	6
1999 (H 11)	4	5
2000 (H 12)	6	3
2001 (H 13)	5	2
2002 (H 14)	3	2
2003 (H 15)	2	1
2004 (H 16)	15	2
2005 (H 17)	11	1
2006 (H 18)	21	4
2007 (H 19)	23	9
2008 (H 20)	10	15
2009 (H 21)	17	7
2010 (H 22)	9	2
2011 (H 23)	23	0
2012 (H 24)	9	7
2013 (H 25)	8	8
2014 (H 26)	6	3
2015 (H 27)	4	3
2016 (H 28)	3	3
2017 (H 29)	3	4

死刑執行の時期は、近年になって国会閉会中が選ばれる傾向がつづいているが、これは、「国会で質問が集中するのを避けるため」という見方がされている。

このことについて、法務検察当局の幹部は「事務手続き上の選択で、公示日とは関係ない」と話しているが、一般市民にとっては死刑確定までの経緯を知ることはできるが、実際にいつ法務大臣が執行命令を出すかを知ることは難しい。それでも最近になってようやく、執行直後に「〇〇拘置所において〇〇の死刑を執行した」と、当局が発表するようになったが、場所と氏名を発表するにとどまっている。

日本では現在、いったい何人の人が死刑確定の判決を受け、そして、毎年どのくらいの人に死刑が執行されているのか、死刑問題に取り組んでいる人々や団体を除けば、ほとんどの人がその情報を受け取っていないのが実情だ。

では、戦後、いったい死刑執行数はどのくらいになっているのだろうか。

一九五八年から二〇一七年までの六〇年間で見ると、死刑執行の合計数は三八八名で、年間の平均執行数は、約六・五名となる。

明治、大正、昭和、平成を比較してみると、時代とともに執行数は減少の傾向を見せていたが、平成に入ってからの数値に大きな変動が見られる。平成になる前の一〇年間を振り返ると、その数は一五名、年間の平均執行数は一・五名だった。ところが、ここにきていっきに増える。今回の上川法相の在任中の死刑執行数はというと、前回（二〇一四年十月～一五年十月）の一人を含め合計一六人となり、鳩山邦夫法相時代の一三人をこえて最多となっている。しかも執行されたオウムの死刑囚のなかには、再審請求中のものもいて、井上嘉浩は裁判所の判断も下されていない段階だった。

秘密主義の日本とオープンなアメリカとの落差

世界でいまもなお死刑をつづけている国は？

中部アフリカの小国ルワンダで、一九九四年に起きた大虐殺に関与したとされる死刑囚四人に対する公開処刑が行なわれたのは、一九九八年四月二十四日のことだった。

首都キリガの小高い丘陵の斜面を切り開いてつくられた、スタンドもないサッカー場が処刑場として使われた。崖に沿って四本の木が立てられると、三〇メートル離れた「観客席」には市民が押し寄せてくる。人々は着飾り、なかには物売りの少年までいて、祭のような陽気さだったという。

処刑予定の一〇時を四〇分すぎたころ、四人服を着た四人がトラックで連行され、頭に黒い布をかぶせられたまま、木にくくりつけられる。そのなかのひとりは女性のようだった。一〇分後、車から走り降りた八人の警官が、つぎつぎにライフルを発射。処刑は一分で終わり、あたりは歓声に包まれたという。

この四人以外にも全国で二二人が銃殺刑に処せられ、国内で大虐殺の罪を問われた死刑囚は一二〇人いた（なお、ルワンダは二〇〇七年に死刑廃止国となった）。

この報復と好奇心がむき出しになったような処刑のありさまに、多くの人は不快の念を抑えることができないだろうが、いま、世界の死刑の実態はどうなっているのだろうか。

かつては、どんな国、どんな文明のなかにも、死刑という罰則があった。しかし、この制度を野蛮な行為ととらえて、全面撤廃していくことが、いまや世界の潮流となっている。

一九五〇年ごろを見てみると、死刑全面廃止国は世界のうちで一〇カ国に満たなかったが、二〇一七年十二月三十一日現在では一〇六カ国に跳ね上がっている。さらに、戦時の犯罪などを除いた通常犯罪について死刑を廃止している国は七カ国、過去一〇年以上死刑を執行していない事実上の廃止国二九カ国を合わせると、世界の約七二パーセントが死刑を廃止しているということになる。

特に一九九〇年代に入ると、南アフリカがすべての死刑の執行停止を宣言したのを皮切

世界の死刑廃止国は？(2017年12月31日現在)

全面的に廃止 106カ国

アフリカ	ガーボベルデ、ギニアビサウ、サントメ・プリンシペ、アンゴラ、セイシェル、ナミビア、モザンビーク、モーリシャス、キプロス、ジブチ、南アフリカ、コートジボアール、セネガル、ルワンダ、ベナン、ブルンジ、コンゴ共和国、ガボン、ギニア、マダガスカル、トーゴ
オセアニア	オーストラリア、ニュージーランド、キリバス、ソロモン諸島、バヌアツ、ツバル、ミクロネシア、マーシャル諸島、パラオ、サモア、ニウエ、クック諸島、フィジー、ナウル
アジア	カンボジア、ネパール、ブータン、フィリピン、キルギス、モンゴル、東ティモール
ヨーロッパ ロシア	アルバニア、アイルランド、アイスランド、アルメニア、オランダ、ドイツ、ブルガリア、ノルウェー、スウェーデン、フィンランド、ルクセンブルク、フランス、モナコ、スイス、オーストリア、リヒテンシュタイン、イタリア、バチカン、ギリシャ、ポルトガル、チェコ共和国、デンマーク、ルーマニア、クロアチア、スロベニア、スペイン、モルドバ、ハンガリー、スロバキア、ベルギー、アンドラ、トルコ、英国、エストニア、サンマリノ、ポーランド、アゼルバイジャン、リトアニア、マケドニア、セルビア、ボスニア・ヘルツェゴビナ、モンテネグロ、トルクメニスタン、ジョージア、マルタ、ウクライナ、ウズベキスタン、ラトビア
アメリカ	ホンジュラス、ニカラグア、コスタリカ、パナマ、ベネズエラ、ウルグアイ、エクアドル、カナダ、メキシコ、コロンビア、ドミニカ共和国、パラグアイ、ハイチ、アルゼンチン、ボリビア、スリナム

通常犯罪のみ廃止 7カ国

アジア	イスラエル
ヨーロッパ ロシア	カザフスタン
アメリカ	エルサルバドル、ペルー、ブラジル、チリ、グアテマラ

事実上廃止 29カ国

アフリカ	マリ、中央アフリカ共和国、ニジェール、アルジェリア、ブルキナファソ、エリトリア、ガーナ、ケニア、マラウイ、モロッコ／西サハラ、チュニジア、スワジランド、タンザニア、ザンビア、モーリタニア、カメルーン、リベリア、シエラレオネ
オセアニア	パプアニューギニア、トンガ
アジア	ブルネイ・ダルサラーム、モルディブ、スリランカ、ミャンマー、ラオス、韓国
ヨーロッパ ロシア	ロシア、タジキスタン
アメリカ	グレナダ

(アムネスティ・インターナショナル調べ)

りにナミビアが死刑の廃止を定めた憲法を採択、そして、チェコスロバキア、アイルランドも死刑を全面的に廃止した。これは、国連が一九八九年十二月十五日、「死刑の廃止を目指す市民的および政治的権利に関する国際規約の第二選択議定書（いわゆる死刑廃止条約）」を採択したことと流れをおなじにする動きだった。

ヨーロッパ諸国、オセアニア、中南米では、ほぼすべての国が死刑の全面廃止を宣言し、アメリカでは州によって違いはあるものの、ニューヨーク州をはじめ、アイオワ、ミネソタなど一九の州が廃止を宣言、先進国では廃止へと向かっているようだ。

しかし一方、いぜんとして死刑の宣告や執行の行なわれている国も数多くあるのが現状だ。二〇一七年には世界の二三カ国で九九三人が処刑され、五三カ国で三一一七人が死刑の宣告を受けている。なかでも、イランでは五〇七人、サウジアラビアでは一四六人の処刑が確認されている。また、中国では死刑に関するデータを国家機密扱いとして公表していないが、執行された数は「数千人」とされている。

日本は、こうした世界の動きのなかで、死刑制度をどのように考えていくのか。「死刑」とは何か、という議論が高まりつつある。

米国の女性死刑囚が世界じゅうから注目されたのは、なぜ？

一九九八年二月の初め、アメリカ合衆国テキサス州にあるハンツビルの町は、騒然とした空気に包まれていた。全米はもちろんのこと、国外からも数多くの人々がこの町に殺到し、ひとつの裁判の成り行きを見守った。

ハンツビルは人口三万余の小さな町だが、ここには八つの刑務所があり、人口の二一パーセントに当たる約七四〇〇人の囚人を抱えている。白い囚人服を着た囚人たちが、公園や刑務所職員の家のまわりの清掃作業をする姿は日常的に見ることができた。

一九八四年以来、アメリカ合衆国では女性に死刑を執行したことはなく、テキサス州についていえば、南北戦争以来、途絶えていたことだった。

しかし、この月の三日、ひとりの女性に死刑が執行されようとしていたのである。

女性の名前は、カーラ・フェイ・タッカー。一九八三年六月十三日、タッカーは男友達のガレットと共謀し、自動車の部品を盗むため、元恋人のジェリー・リン・ディーンとその女友達のデボラ・ソーントンが就寝中の部屋に忍びこんだ。

ディーンは外出していると思っていたタッカーは、ふたりの姿を見て狼狽《ろうばい》し、手にしていたハンマーを振り上げると、ディーンに襲いかかり、うめき声をあげる彼に向かって、最後は九〇センチの斧を二〇回以上も振り下ろした。恐怖に声も出ないソーントンも、つづいて殺害された。このころ、二十三歳のタッカーは麻薬中毒者で、売春の常習者でもあったという。

「斧を振り下ろしたときには、オルガスムスさえ感じたわ」

公判で、そう誇らしげに語ったタッカーには、反省のかけらも見られなかったという。

ところが、一五年という年月は彼女をまったく別の人格へと変えていった。

聖書を読み、キリスト教の信仰を受け入れたタッカーは、刑務所のなかでも模範囚として扱われるようになり、服役中の囚人たちのカウンセラーを務めるようにまでなる。そんななか、彼女自身の教誨師《きょうかいし》であった牧師と獄中結婚もしている。

そして、そんなタッカーの姿に突き動かされるように、弁護団や支援者たちが減刑嘆願の運動を始めるようになった。この運動は、「タッカーを死刑に」と主張していた殺人課の刑事や何千人もの市民、さらに犠牲者の兄弟までをも含んで進められることになった。

「タッカーは死ぬべきか」

小さな町のいたるところで議論が交わされた。

一九九七年一月二十日、弁護団は恩赦の規約について問題があるとして、州裁判所に死

タッカーに死刑が執行されたハンツビルの刑務所

刑執行の時期を延期するようにとの嘆願書を提出した。一五五ページにおよぶ報告書のなかで弁護団は、

「タッカーは十分に改心し、今後、社会を脅かすことはない。彼女は死刑を受けるに値しない。かつて売春婦でドラッグディーラーだった彼女は生まれ変わったのだ」

と主張して、終身刑への減刑を求めた。

こうした動きのなかで、ブッシュ州知事は、「この判定においてはタッカーが罪を犯したかどうか、また公正な裁判が行なわれたかどうかだけを考慮する」と発表した。それまでの二〇年間を調べてみると、テキサス州において、改宗などの人道的理由だけで恩赦が与えられるようなケースは一件もなく、そうした意味から、タッカーの減刑を成立させるためには世論の大きさに頼るほかなかったのかもしれない。

一九九八年一月二十八日、ブッシュ州知事はタッカーからの訴えを却下した。弁護団はこの決定を不服として、「テキサス州は死刑確定者の恩赦に関する何のガイドラインももたない」と合衆国最高裁判所に最後の望みをかけて訴えを起こしたが、最高裁判所がこの嘆願を却下したのは二月三日、死刑執行予定日のその日だった。

こうして、タッカーの死刑は避けられないものとなったのである。

被害者の家族らが見守るなかで処刑された死刑囚の最後の言葉

タッカーは死刑予定日の直前までテレビのインタビューに答え、凶悪殺人犯の自分が神の愛に出会うことでどんなに変わることができたかを人々に訴えた。

二月三日午後、果物とサラダの簡単な食事を終えたタッカーは刑場に向かい、夫である牧師と被害者・ディーンの姉、そして、刑務官らの見守るなか、薬物注射による死刑執行がなされ、午後六時四十五分、死亡した。

「ソーントン家とディーン家のみなさん、本当にごめんなさい。神様がみなさんに平安を与えてくださることを願います。誰もが私によくしてくださいました。私はみんなのことを愛します。私はこれからイエス様のおそばに参ります。みんな、どうもありがとう」

これが最後の言葉だったという。

タッカーのインタビューや言葉はテレビだけでなく、インターネットでも流されつづけたが、タッカーの死後、発信者は、

「このインターネットのページは以前のカーラを尊ぶためにつくられたものではないし、ましてや、彼女が犯した罪、犠牲者が受けた被害を軽んじようとしてつくられたのでもない。罪は償われなければならない。人の命を絶ったら、それと引き替えに自分自身の命を与えなければならないかもしれない。しかしながら、このページは昔のカーラではない生まれ変わった女性を尊ぶためにつくられたのである。おそらく、犠牲者の家族もこの事件に終止符を打ち、あらためて前向きに生きていくことができるでしょう」

と締めくくっている。

もちろん、過熱したこのタッカー報道に眉を寄せる人も少なくはない。何の変哲もない静かな町で、連日のように、死刑擁護論者と反対論者がプラカードを持って刑務所を取り囲んでいたのである。

そんな人々をよそに、

「覚えてるかい？ タッカーは人を惨殺したんだよ。事件当時、俺は近所に住んでたから

知ってるけど、部屋のなかは血の海だよ。タッカーはヒーローでも何でもない」

そう苦々しくつぶやく男性もいた。

テキサス州ハンツビルという遠い町で起こったこの話を本書で取りあげたのは、「タッカーは死ぬべきだったか」を問いたいためではない。死刑という刑の判決を受けたひとりの人間に対して、多くの人が開かれた場所ではっきりと発言しているという事実を知っていただきたいからである。

「死刑が執行された模様」と新聞の片隅に掲載されるだけだった日本と、なぜこんなにも大きな差があるのかを考えてみたい。

日本の死刑が秘密のヴェールに隠されているのは、なぜ?

カーラ・フェイ・タッカーの死刑までの経緯やインタビューは、日本のテレビでも、何度となく放映され、見る人に衝撃を与えた。

番組のなかでは、刑務所前に集まった人々はもちろんのこと、看守までもが、自分の意見を屈託なく語っていた。死刑という現代の最高のタブーを国民の前にすべて明らかにし、その感想や判断を見た者にまかせるという番組作りは、強烈な迫力を感じさせたものだ。

世界のなかでも凶悪犯の圧倒的に多いアメリカでは、死刑宣告や、それにつづく処刑も多かった。執行数からいえば二〇〇七年には四二人だったものが二〇一七年には二三人と減少傾向にはあるものの、日本の六倍ほどになっている。そして、インターネットでは絶えず、死刑を宣告された者のリストが流され、利用者は何の制限もなく、実名と罪状、さらにいつ、どこで、どのような方法で処刑されるかの情報を受け取ることができる。

死刑確定の判決を受けたとたん、一般社会から完全に切り離され、容易にその声を聞き取ったり、生活を知ったりすることができない日本とは大きな差だ。

日本はなぜ、執行の時期までも秘密にしているのだろうか。

法務省の見解によると、「死刑執行は本人の家族、その他の関係者に与える影響、これらの者の名誉・気持ちをことさら傷つけないよう……また、本人の心情の安定に留意し、いっさい公表しない」ということになっている。

これは、執行に限ったことではない。第3章で詳しく述べるが、面会や文通でさえ、制限を受けている。

五五年ほど前までは、それでもその制限も比較的緩やかで、他囚の房に行って直接交流をすることもでき、面会者やその時間も自由、文通にも制限がなく、婚約者と手をとって話すことができた。このような処遇は、近年、まったく変化してしまい、その秘密性はますます厳重になっていった。アメリカのように、テレビカメラが独房のなかに入ることなどありえないのだ。

このように死刑囚にとって厳しい状況になった源は、一九六三年三月、法務省が各拘置所に発した「六三年通達」にある。それは、

①処遇は原則として心情の安定を得られることを旨としている

②その居室は昼夜単独室として、居室外においても死刑確定者を接触させない

③心情安定のための措置を施設の長がとる

④面会、文通の相手は一、親族、二、身分上、法律上または業務上の重大な利害に係る用務、用務の処理のため必要な者、三、心情の安定に資すると認められる者、施設の長が相当と認める者

といった内容になっている。

こうして日本の死刑囚、およびその生活は、さらに外部から遮断されることになったのだが、それがさまざまな場面に多大な影響をもたらしていることは、あとの章で詳しく述べていきたい。

処刑法も時代とともに大きく変化

被害者遺族にも裁判官にも知らされない日本の死刑の不思議

死刑執行までの詳しい経緯は、あとの章に譲るとして、ここではその概要にだけ触れておきたいと思う。

現在、日本における死刑は絞首刑が採用されている。これは、いまから一三〇〇年ほど前の七〇一年に「大宝律令」が死刑を定めた時点で、斬殺とともに決められたものだったが、その方法が現代にも生きつづけているのだ。ただし、当時の絞首は坐らせた受刑者の頸を二本の綱で挟んで、その綱をなうように轆轤《ろくろ》で巻き上げて絞め殺すという方法だった。これが変化して、近代の地下絞架式の死刑台となったのである。

死刑が執行される場所は、東京、大阪、名古屋、広島、福岡の各拘置所、宮城、札幌刑務所などだ。

受刑者への執行の言い渡しは施設や死刑囚によって異なる。かつては受刑者自身が宗教心をもち、精神的に安定している場合は、執行二日前に本人に告知をし、身のまわりの整理や近親者への面会が許されることもあったが、現在ではほとんどの場合、当日の朝に行なわれる。執行直前まで告知されないということは、「今日こそ、わが身か」と、毎朝、恐怖とともに目覚めなければならないということなのだが——。

執行の宣告を受けた受刑者は、教誨室や執行室のある刑場へと連行され、本人が指導を受けていた教誨師によって、宗教的儀式が行なわれる。それが終わると、遺言状の有無を尋ねられ、その場でしたためることもあり、また、遺体および遺留品の処分についても確認がとられる。その後、饅頭などの茶菓子が出され、立ち会っている拘置所長、課長クラスの職員、看守、教誨師らと別離の言葉をかわすのである。

それから、目隠し、手錠をされた受刑者は、執行室の絞首台へと誘導され、ここで看守が素早く首に縄をかけ、両足の膝をひもで縛ると、同時に床板が開くボタンが押されて、身体は地下へと落下していくのだ。このときに押されるボタンは複数だが、実際に作動するのはそのうちのひとつだけ。複数の看守が同時に押すのだが、これは、誰が床板を外したかわからなくして、少しでも看守の後ろめたさを軽減しようとするためのものである。

落下した受刑者の身体は、地下の床面から三〇センチほど足が離れて懸垂《けんすい》されるようにあらかじめ、縄の長さが調節されている。その身体はガクンと一度S字型に突っ伏すと、手足は泳ぐように激しい痙攣《けいれん》を起こし、やがて「ウーウー」という呻き声とともに、全身のひきつけが一分から一分半つづいたあと、ようやく呼吸が停止する。

しかし、心臓はまだ動きつづけている。ここで、受刑者の手錠、目隠しが初めて解かれ、立ち会いの医師による死亡の確認が行なわれるのだ。脈拍をとり、それが弱くなると胸を開いて聴診器をあて、心音を確かめる。これが停止すると、所長に死亡時刻を報告したところで、死刑は終了する。

ボタンが押されて、死亡の確認をとるまでの平均時間は約一四分、最短で約四分、最長では三七分だった。死刑執行の宣告を受け、別れの教誨室に入ってからは普通一時間、長い場合でも一時間半を超えることはないという。

死刑囚がいつどのように死んでいったかを知る人はほんの一握りの関係者だけで、家族が知らせを受けるのが死亡後なら、被害者の遺族、裁判を担当した検事や判事にも直接、知らされることはない。

日本の死刑制度と処刑法はどう変わってきたか?

日本の死刑は、すでに三世紀中頃には刑罰として発達していたことが、中国の歴史書

『魏志倭人伝』から読み取ることができる。やがて、文化と同様に唐の律令制を手本にして、七〇一年に成立した「大宝律令」で初めて法文化されるが、このなかで、刑罰は「笞《ち》・杖《じょう》・徒《ず》・流《る》・死《し》」の五つに分けられ、処刑法は「絞と斬」のふたつに定められた。

しかし、八一八年の嵯峨《さが》天皇の時代には、法が改正されて、死刑は廃止され、死刑に相当する罪を犯したものはすべて、遠流、禁獄などの刑罰を受けることとなった。この死刑廃止制度は、実に三四六年もつづくのだが、これは仏教や儒教などの宗教的な考え方がその背景にあったといわれる。

やがて、武士社会の時代が到来すると、保元の乱（一一五六年）を境にふたたび死刑制度が復活する。力で力を制圧するこの時代に、世の人々に権力への服従心をあおるため、処刑方法は、被処刑者に苦痛を与える残虐性をもったものへと必然的にエスカレートしていった。逆さ張付《はりつ》け・串刺《くしざ》し・鋸《のこぎり》びき・牛裂《さ》き・車裂《さ》き・火あぶり・釜煮・焚殺《ふんさつ》といった苛酷な刑罰が編みだされたのは、このころだ。

現代の感覚では考えられないような残忍な刑罰が定められているが、たとえば、鋸びきというのは、罪人のかたわらに竹鋸を用意し、首をひきたい人には自由にひかせるというものだった。処刑の方法に一定の決まりはなく、また、死刑に該当する犯罪も「ニセ薬を売ったもの」「主人の親類を傷つけたもの」など、現代からは想像もできないほどに拡大

明治初期にはまだ晒し首の刑が行なわれていた（長崎大学附属図書館所蔵）

されていった。

　そして、江戸時代に入ると、処刑の形式が定められていき、おなじ死罪であっても罪の重さによって処刑の方法が選択されるという形がとられるようになった。

　たとえば、罪の軽いものはただ首を刎《は》ねるだけだが、もっと罪の重いものは新しい刀の試し斬りに使われ、さらに重罪になると、刎ねた首を獄門《ごくもん》台に三日間晒《さら》す、いわゆる「晒し首」の刑に処せられた。

　放火犯は火あぶり、主殺しには鋸びきの刑が与えられ、もっとも重い刑罰としては、受刑者を十字架に縛りつけて槍で突き殺すという方法もある。この場合は、死体を三日間、そのまま晒しておくのだが、室町時代からキリスト教徒を弾圧するために行なわれてきた

明治初期に撮影された保土ヶ谷の磔

刑だけに、見せしめ的な要素がとくに強い。

しかし、見せしめという点から見れば、ほとんどの者が引き回しか晒しを含んだ刑を受けていて、権力を誇示するために死刑が行なわれているという感が強い。

死刑の一大改革が行なわれたのは、明治になってからのことだった。ヨーロッパで「死刑は中世の遺物」といった意見が高まっていくと、明治政府は一八七〇年に、死刑は「絞と斬」のふたつにしぼって、そのほかの方法は廃止された。さらにその一〇年後には、「斬」も取りやめられ、「絞首」ひとつに決められた。

ただし、このときの絞首は現在のような絞架式のものではなく、「絞柱」という処刑具が使われた。これは、柱の前に罪人を立たせ、その首にかけられた縄を、柱に開けられた穴に通して、後ろから懸垂するというものだったが、「絞柱」は、ほぼ二年ほどしか使われていない。それは、死刑執行後に生き返った死刑囚が三人も出たからだ。その結果、より確実に死なせるものとして採用されることになったのが、イギリスのロング・ドロップ方式といわれる絞架式の絞罪器だった。

また、新規に「内乱に関する罪」や「天皇に関する罪」は死刑に相当するという新しい罪種も加えられ、天皇・皇族への危害を企てただけで、無期の選択もなく、死刑を免れることはできないという罰則ができた。

同時に、それまでの執行の公開も禁止され、密行主義に改められる。それ以降、「天皇に関する罪」は敗戦後に廃止されるが、そのほかは、現在にいたるまで一世紀以上、おなじ方法で、死刑は執行されているのだ。

残酷で異常な処刑方法に歯止めがかけられた理由は？

死刑の最初の記録は、紀元前一六世紀のエジプトに見られる。おそらく、それ以前から行なわれていたはずだが、記録としては残っていない。が、死刑の歴史は、人々が集団生活を始めたときから、すでに始まっていたといっていいだろう。

近代になるまで、死刑はどこの国でも公開を基本にしていた。

人々が集まり、憩いの場所となるべき公園は、ときとして処刑場に変わった。

ギリシャ神話を見ると、すでにいくつかの処刑がなされている。神話のなかの最高神であるゼウスは、政治、法律、道徳などの人間生活を支配する神だが、火の精霊・プロメテウスはその逆鱗に触れ、コーカサスの岩山に縛りつけられる。ゼウスがプロメテウスに課した刑罰は、再生しつづける肝臓を鷲が永遠についばむという苛酷なものだった。

ゼウスの行なった動物刑は、キリスト教紀元の遙か昔に始まり、七世紀にもわたってさまざまな国で行なわれていたようだ。

紀元前七世紀には、アッシリアの王・アッシュバニバルが大型犬に囚人を襲わせたことが知られているし、おなじころ、エジプトではワニの群のなかに囚人が投げこまれていた。カルタゴ、インド、セイロンでは、何頭かの象に踏み潰させる、あるいは、投げあげた囚人の身体を鋭い牙で突き刺すための調教まで行なわれていたという。

フランス、イギリスなどでは、四頭の馬に手足を縛りつけ、別々の方向に向かって疾走させる「四つ裂き」の刑が用いられたが、これも動物刑の一種で、インドでは馬のかわりに牛、アジアやオリエント、さらにアフリカではラクダも使われた。

登場するのは大型動物ばかりではない。生きたまま、ねずみや虫、鳥に食べさせる、蛇の穴に投げこむ、さらに大量の蟻に身体を覆わせるなどの処刑も存在していた。

しかし、動物刑をもっとも多く執行し、それが民衆の娯楽のひとつにまでなったのは、なんといってもローマだろう。

いまも遺跡として残る円形劇場では、合法化された動物刑が出し物として行なわれたが、当初は外国人や脱走兵に対して執行されたこの刑で、のちにもっとも多くの血を流したのはキリスト教徒だった。

処刑の歴史を開いてみると、考えもおよばない残酷なありとあらゆる刑罰が行なわれていたことがわかる。

咽喉切り、腹裂き、飢餓、生き埋め、串刺し、皮剝《は》ぎ、毒殺、吊り落とし、石打ち、鞭《むち》打ち、溺死など、命を断つことを目的とするというより、むしろ、見せしめや権力の誇示に重きを置いた処刑が世界のあらゆるところで二〇〇〇年にもわたって繰り返されていたのである。

残酷で異常な刑罰にようやく歯止めがかけられるのは、イギリス議会において「権利章典」が採択された一六八九年のことだ。

そして、一七九二年のフランスで富者、貧民、貴族、平民の差別なく、誰にでも平等に、「もっとも苦痛の少ない人道的処刑法」として産み出されたのが、ギロチンだった。ギロチンは、死刑が廃止される一九八一年までの二世紀半のあいだに、八〇〇〇人から一万人の血を吸って、その幕を閉じた。

現在、死刑存置国のほとんどで採用されているのは、絞首刑と銃殺刑だが、アフガニスタン、イランではそれに加え、石打ち刑がまだ残され、サウジアラビアでは斬首刑も存在する。

電気椅子はアメリカの一部の州、薬物を使う注射刑を行なうのはアメリカの一部の州と台湾、グアテマラ、タイなどであるが、処刑方法もますます「合理化、文明化」し、ソフトというヴェールをかぶせられ、市民の目から遠ざかっていくのだろうか。

万一、死刑判決に誤りがあったら

「六〇〇人を殺した」と自白した男の死刑が、なぜ寸前で中止？

アメリカ合衆国テキサス州で女性死刑確定囚、カーラ・フェイ・タッカーの死刑が執行されたことを、先に記したが、おなじテキサス州で、一九九八年六月三十日に執行される予定だった男性の死刑が寸前で中止になった。死刑から終身刑に減刑されたのは、実に執行四日前の六月二十六日のことだった。

男性の名はヘンリー・リー・ルーカス。彼をモデルに『ヘンリー』という映画がつくられるほど、アメリカ国内では、有名な人物である。

何が、彼をそんなに有名にしたかといえば、ルーカスは八〇年代初めに「六〇〇人を殺した」と自白して、その名を全米に知れわたらせたのである。

アルコール中毒の父親と麻薬密売と売春を商売にしていた母親をもつルーカスは、幼いころ、兄弟と遊んでいる最中にナイフで片目を傷つけてしまうが、母親がそのまま放置したため、片目を摘出しなければならなかったという、暗い過去を背負って育っていた。母親に丸太で殴りつけられ、三日のあいだ仮死状態になったこともある。

ルーカスが母親を殺害し、懲役四〇年の刑を受けたのは、一九六〇年のことだったが、わずか一〇年で出獄。それから、あらゆる犯罪に手を染めていったという。

犯罪歴のあるルーカスは、不法に銃を所持していたという理由で逮捕されるが、その後、わずか一一日間で七七の殺人を打ち明け、迷宮入りになっている事件の多くに関わったのではないかと、各州から事件の照会が殺到した。そのほとんどを自分がやったと自白したルーカスだが、彼は途方もない「ホラ吹き」だった。

ルーカスは、「日本でもスペインでも人を殺した」と話したらしいが、彼が国外に出た記録はどこにも残っていない。

「一度にたくさんの犯罪を認めれば、みんなはそんなことはありえないと否定すると思った」というのが、その理由だが、それでも、彼は一〇件の殺人罪で起訴され、うち九件で二一〇年の禁固刑、残る女性暴行殺人事件で一九九八年三月三十一日に死刑判決を受けた。被害者がオレンジ色のソックスしか身に着けていなかったことから、「オレンジ・ソックス」と呼ばれる事件だ。

しかし、その後の調べで、事件当日にルーカスがフロリダ州で屋根職人として働いていたという記録が証拠として提出され、「殺人は不可能ではないが、かなり確率は低い」との理由でルーカスは死刑を免れたというわけだ。

歴史的に死刑執行に積極的なテキサス州で、法の改正や裁判に誤りが見つかったなどの理由以外で死刑が減刑されたのは、戦後初めてのことだという。

ルーカスは結局、一一件の殺人で起訴され、死刑を宣告された。が、二〇〇一年三月、テキサス州の自室ベッド上で死亡。死因は心臓病とみられる。遺体を引き取りにきた身内はいなかったという。

死刑囚の無実が認められて生還できる可能性は?

誤判があってはならないのは、何も死刑に限ったことではない。無実の罪で刑務所に入れられた人々が、あとになって無実が証明されても、拘束された時間が返ってくるわけではない。刑務所に入れられることがなくても、有罪というレッテルはひとりの人間の歴史をまったく別のものにしてしまうことだろう。

そのなかでも、死刑判決はまさに「取り返しのつかない」事実なのである。

二〇世紀最大の誤判事件といわれるのは、アメリカのサッコ・バンゼッティ事件で、映画『死刑台のメロディ』などで世界的に知られている。サッコは靴屋、バンゼッティは魚の行商人で、ふたりともイタリアから移民して貧しい生活を強いられていた。一九二〇年四月にマサチューセッツで起こった射殺事件の犯人として逮捕されたふたりは、物的証拠もないまま、死刑判決を受けた。その背景には、無政府主義者だったふたりに対する厳しい弾圧があったと見られている。

その後、サッコが収容されていた刑務所の死刑囚・メロディスが「私が真犯人」と自供したにもかかわらず、ふたりは一九二七年、電気椅子送りとなった。

この事件が再調査され、誤判という結論に達し、「サッコ・バンゼッティ両氏とその家族、その子孫から、いっさいの汚名と不名誉が取り除かれる」と知事が宣言したのは、死刑執行から実に五〇年後のことだった。汚名と不名誉が取り除かれると宣言されても、ふたりの命が戻ってくるわけではない。

では、日本においてはどうなのか。

死刑確定者がまさに死刑台から生還した事件として、免田《めんだ》事件、財田川《さいたがわ》事件、松山事件、島田事件がある。

判決が確定したあと事実誤認があったと認められる場合、非常救済手段として「再審制度」が設けられているが、再審が開始されるのはきわめて珍しく『開かずの扉』という異名さえあった。

この再審への道を開いたのは、一九七五年の「白鳥決定」だ。最高裁が白鳥事件の再審請求に対して、「再審請求のためには新旧証拠を総合評価して確定判決の事実誤認に合理的な疑いを生じさせれば足りる。審理にあたっては『疑わしきは被告人の利益に』という刑事裁判の鉄則は適用される」という新判断を示したのだ。

しかし、これは糸口にすぎない。再審請求を始めたところで、再審開始になるまでには気の遠くなるような年月を要するのが現実なのだ。

免田事件の場合を見ると、第一回の再審請求が行なわれたのは一九五二年、以後、五回の請求を棄却され、ようやく再審開始にこぎつけることができたのは、一九七九年のこと。二七年をかけた闘いだったのである。

再審請求がなされた時点で即座に克明な調査を始めていれば、免田栄氏が三〇年という長きにわたって死と隣り合わせに獄に繋がれることはなかったのだ。

なぜ、再審開始はこのように長引くのだろうか。

死刑の確定した者が冤罪であったと判断されたとき、裁判所への不信感が芽生え、司法の権威は揺らぐ。誤判や冤罪については、以前から見込み捜査や別件逮捕、自白の偏重といったことが繰り返し語られてきている。もちろん、そればかりとはいえないだろうが、こうしたことに光があてられようとするとき、再審請求者は法への挑戦者として扱われ、法の威信が汚されると警戒されるのだ。

免田事件では重要な証拠となるべき凶器の鉈《なた》や証拠物がなくなり、財田川事件では未提出の捜査記録の一部が紛失していた。

再審妨害の事実はないのだろうか。

あるいは、死刑が執行されて取り返しのつかなくなった例は本当にないのだろうか。

免田氏は『死刑囚からあなたへ』（インパクト出版会）の手記のなかで、日頃親しくしていた看守が、「免田死刑囚の再審を受理するとは前代未聞だ。これが無罪になり、社会に出るようにでもなったら法治国司法の恥。第一世間が許さんぞ。かならず最高裁はいずれ棄却する」と語ったと書き記している。

そして、免田氏はこうもいっている、「三十四年半の獄窓生活で私が直接手をにぎって死刑台に見送った人は七〇人くらい。そのなかで、日頃話を聞いて八人は無実だと確信した。もうひとりは無実を訴えながら聞き入れられないまま、獄屋の病室で死んだ」

このような現実のなかで、現在も何人もの死刑確定囚が、獄中から再審請求を行なっている。

第1章　見せしめの残酷刑から人道的処刑へ

死刑の歴史は「おぞましい残酷刑」の歴史

耐えがたい苦痛と恐怖を与えた「串刺しの刑」

「死刑」は人類の歴史とおなじくらい、長きにわたって行なわれてきたということについてはすでに述べたが、その大半は「見せしめ」のためとしか思えないような残虐なものだった。ただ単に命を絶つというだけではなく、いかに苦しみを長引かせ、見るものに恐怖を与えることができるか、執行者たちは、それぞれの時代のさまざまな国々で、ありとあらゆる方法を考案した。

もちろん、こんなことで命を奪われなければならないのか……というような罪状でも、幾多の人々が無惨な最期を遂げていった。こうした「おぞましい歴史」がどの国にもあったことは、事実である。

人間の残酷さが生み出した恐ろしい刑罰はいくつもあるが、そのなかでも、刑を受ける者にも、見る者にも耐えがたい恐怖を与えたのは「串刺しの刑」ではなかっただろうか。

死刑囚の身体に縦に杭《くい》を打ちこんで死ぬまで放置される「串刺しの刑」は、通常、先を丸くした杭を肛門から入れる。腹這いになった死刑囚の手足を固定しておいて、肛門に油を塗り、杭を入れやすくする。できる限り身体の奥まで杭が打ちこまれると、その串刺し状態のまま、杭は垂直に立てられ、地面に埋めこまれる。この時点で、死刑囚は苦痛のかぎりを味わわねばならないが、まだ死んではいない。

そのまま放置された死刑囚の身体の重みで、杭は徐々にではあるが、深く突き刺さってくるのだ。最後に杭は、打ちこまれた方向に向かって、胸や脇の下から受刑者の皮膚を破って突き出てくる。この刑の残酷さは、刑を受けた者が絶命するまでに数日かかるということにある。

ロシアのように、先を尖らせた杭を使う国もあるが、この場合は内臓は即座に傷つき、たちまち致命的な打撃を受けることになる。ロシアでは一八世紀半ば、エリザベート女帝の時代まで、こうした処刑が行なわれ、トルコでは一八三〇年ごろまで公開処刑が行なわれたという。

この種の刑罰はオリエントとアジアで見られたが、ほかにも、ドイツ、フランスでも実行された。

中国では杭のかわりに空洞の竹筒を挿入し、そのなかに真っ赤に焼けた鉄の棒を差しこむ、といった方法もあったという。

「皮剝ぎの刑」「腸巻き取りの刑」「鋸びきの刑」

一七六八年にハプスブルク帝国でマリア・テレジアが定めた法典「テレジアナ法典」のなかに「胸の側から紐状に一本、背の左側から右側にかけてもう一本切り取ること」という「皮剝ぎの刑」の与え方を記した箇所があるが、この皮剝ぎを受刑者が死ぬまでつづける処刑も存在した。

この刑を用いていたのは、ペルシャ、バビロニア、カルデアなどだが、囚人は手術台のようなものに四肢を固定されるか、十字架状のものにくくりつけられるかすると、執行者は鋭利な刃物で皮膚を剝ぎ取っていった。

『古代オリエントの民族の古い物語』(ガストン・マスペロ著)によると、ペルシャでは職務を汚したと判断された判事は生きながら皮を剝がれ、その皮膚は後任者が坐る法廷の椅子に貼られて使われたという。身体じゅうが傷口となっていく苦しみのなかで受刑者は叫び声をあげながら、全身を痙攣させて息絶えるのだった。

「皮剝ぎの刑」は中世ヨーロッパでは数えるほどしかなかったが、古代インドではナイフなどの外科手術的な道具を使うことなく、松明《たいまつ》の火で受刑者の表皮をあぶり、全身の肉を露出させた。全身に火傷を負った受刑者は息絶えるまでの数日間、その苦しみから逃れることはできなかったという。

処刑のなかで「斬」は、実に多くの国で行なわれてきた方法だ。斬りつける部位は、頸《くび》であったり、胴体であったりするが、ひと思いに死ぬことのできない実に残虐な方法を用いていた国もある。その方法とは、「腹を切り開き、内臓を取り出す」というものだった。

これはオリエントで行なわれていた処刑だが、執行人は縛りつけた受刑者の腹を切り開き、腸の一端を引き出すと、それをウインチに巻き取っていく。

処刑が終わったとき、受刑者の腹のなかは空洞になっている。

ローマの十二表法を見ると、紀元前の刑法について知ることができるが、そこには「鋸びきの刑」も書き記されている。

この刑罰はかつてエジプト人、ペルシャ人、メディア人、トラキア人、スパルタ人、ヘブライ人などのあいだで頻繁に使われたものだった。

ふたりの執行人が鋸の両端をそれぞれ持ち、受刑者の身体を切断していく。切断する箇所は二通りあった。ひとつは、胴体を横にまっぷたつにする、というものだが、もうひとつは、身体を縦にまっぷたつにするというもの。この際、頭から斬りはじめる場合と、足を開かせた格好で杭などに逆さに固定し、股のあいだから斬りはじめるときがあった。当然、苦痛は股のあいだから斬られるほうが激しく、長い。通常、鋸が臍《へそ》に達するまで、その意識を失うことはないという。この刑罰は同性愛者に対してよく課せられていたという。聞くだけでもおぞましいが、鋸びきは明治時代までの日本でも行なわれていた刑罰である。日本では身体を切断することは稀《まれ》で、ほとんど首を切り落とすことに使われた。

古代から二〇世紀までつづけられた「磔《はりつけ》の刑」

日本において江戸時代に処刑が行なわれる場合、罪のもっとも重い者に対して磔の刑が用いられていたように、世界でも重罪人に不名誉な刑を課すときに使われたのが「十字架」である。十字架はヘロデ王の時代に採用され、キリストが自分のかけられる十字架を肩に背負って、ゴルゴダの丘へと登っていったという記述は『新約聖書』のなかにある。

ローマ、ギリシャ、オリエントでは、磔刑を宣告された者は、鞭打たれたあと、十字架の横木にあたる部分を自分で背負って刑場に行かなければならなかった。処刑場に着くと、受刑者はまず釘で両手首を横木に打ちこまれ、つぎに両足も同様に釘で打ちつけられる。

このとき、釘を打つのは手首で、手のひらではない。手のひらだと、自分の体重を支えきることができず、肉が裂けてしまうからだ。

足のほうは両足を重ねて一本の釘で打つ場合と、片方ずつ二本の釘を使う場合がある。

磔刑で絶命するのは、出血がその原因ではない。実は、窒息死なのだ。釘二本で下げられた身体は自分の体重によって、どんどん下に下がってくる。その痛みは、「いますぐ殺してくれ」と叫び出す者もいるほどで、全身の筋肉は激しく痙攣、収縮し、呼吸をすることができなくなってくるのだ。呼吸をするためには、自分の上半身を腕より高く持ち上げなくてはならない。しかし、そんなことは不可能で、苦痛のなかで胸いっぱいに吸いこんだ空気をすでに吐き出す力も残っていない。

ユダヤ人の法には、わずかに苦痛を和らげるための麻薬入りの葡萄酒を飲ませることが記されているが、キリストも十字架上で、兵士によって「酸《す》い葡萄酒」を含ませた海綿を突きつけられた、とある。

また、おなじユダヤの法のなかには、窒息の時期をさらに早めて、苦痛の時間を短くするために、日没になると両足を打ち砕くという決まりもある。

キリストは十字架にかけられたあと、脇腹を槍で突かれ、その死亡が確認されると、その遺体は弟子たちの手に返されて葬られたが、このような「合法的」な処刑でないときは、死体はそのまま放置され、鳥たちがついばむままにされていたという。

この磔刑は古代ローマ時代から、一九世紀末になっても世界各国で採用されていた。スペインではナポレオンの遠征のあいだに、ロシアではナチス・ドイツがパルチザンとモロッコ人に対して、この刑を執行している。そして、近年ではスーダンが、この死刑法を採用していた。といっても、実際に刑に処された者はなく、縛り首になったあと、磔にされて公衆の面前にさらされるという形がとられた。

女性専用の刑としても用いられた「生き埋めの刑」

どのような国のどのような時代においても、女性だからという理由で死刑が行なわれないことはなかった。しかし、死刑の場面でさえも女性に「慎み」を求めたケースはある。

中世フランスでは、女性が処刑されるとき、苦しみのあまり身をくねらせたり、みだらな姿勢になったりすることを不作法とし、そのような姿を衆人の前にさらすことがないよう、死刑方法も限定されたという。そこで用いられたのが、「生き埋め」の処刑だった。

この処刑を拒絶し、女性が絞首刑を受けることができるようになったのは、一四四九年以降のことだが、その際にもスカートを膝のところに巻きつけることが条件とされていた。

フランス以外で見れば、スウェーデンとデンマークでも「生き埋めの刑」が法律によって定められていたが、これらの国でも一六世紀末まで女性専用の刑として実施されていたようだ。なかでも、この刑を受けるのは、嬰児《えいじ》殺しや獣姦の罪を犯した女性だった。

生き埋めは、もちろん生きたまま地中に埋められるのだが、この死刑は古くから多くの国で行なわれており、紀元前二二〇年には秦の始皇帝が五〇〇人もの文人を生き埋めの刑に処した。罪状は始皇帝の統治原理に反する書物を記したということであった。

一九世紀末まではガボン、インドネシア、ソロモン島に刑罰として残っており、インドでは二〇世紀に入ってからも存在したが、ある民族の場合は、夫が死んだとき、妻は生きながら夫とともに埋葬されたという。夫の死に殉じるのは刑罰ではないが、やはりインドでは近世まで、夫の死骸に寄りそって薪《まき》の山に横たわり、いっしょに焼かれる「サティ」という風習も残っていた。

主に宗教裁判の結果に使われた「火あぶりの刑」

宗教裁判によって死刑に処せられた歴史上の人物といえば、まずジャンヌ・ダルクがあげられるだろう。ジャンヌ・ダルクが火あぶりの刑を宣告されて、ヴィユー・マルシュ広場に引き立てられてきたのは、一四三一年四月のことだった。「魔女、背教者、異端者、神の冒瀆者《ぼうとく》」として裁かれたジャンヌ・ダルクを縛りつける火刑台は、通常よりも高くしつらえられたという。遠くからでも処刑が行なわれたことを知ることができたからだ。

薪の四方から火は放たれ、炎はまずジャンヌ・ダルクの衣服をなめるように焼き落としてゆく。このとき、炎をあげる薪の一部が取り除かれ、柱に縛られた身体が衆人の前に露《あらわ》にされたという。これは、ジャンヌ・ダルクは炎のなかから無傷で出てくるのではないかとささやかれていた噂を打ち消し、彼女には何の力もないことを見せつけるためだった。

古代の火刑台はほとんどの場合、樹脂を含んだ木を使って組み立てられ、皇帝ネロは囚人の身体にタールを塗りつけることで、火の勢いを増し、人間の身体がまさに松明と化すさまを見物するのを好んだという。

ところで、火あぶりになる死刑囚は、どのくらいで絶命するのだろうか。

火刑には、死刑囚を縛りつけた柱の周囲に膝か腰のあたりまで薪を積み上げる方法と、囚人の身体が見えなくなるほどうずたかく薪を積み上げて火を放つ方法がある。最初の方法では、死刑囚の身体が火にあぶられても、なかなか死は訪れず、後者の薪にすっぽり覆われた者は、火によるダメージより先に窒息してしまうため、比較的その時間は短かったと思われる。

息のある時間を長びかせ、苦痛を与えた火刑もある。それは、死刑囚をシーソー状の柱の一端に吊り上げ、その柱の真ん中を支柱で支え、ゆっくりと火のなかに降ろしてゆく。そして、身体の一部が火に焼かれた状態で、ときどき火から引き上げるというものだ。受刑者を苦しめ、火あぶりを見物する衆人に恐怖を植えつけるに十分な光景だった。

もっと陰湿な例をあげれば、大きな籠のなかに囚人を閉じこめ、真っ赤に燃える炭火のなかに投げこむこともあった。囚人は手足を拘束されていないだけに、籠のなかで暴れもがき手足をばたつかせた。

火刑が主に宗教裁判の結果、行なわれたのは、火そのものに罪を清める力があると考えられていたからで、中世ヨーロッパでは「妖術師」や「魔女」が三世紀半のあいだに数万人も火あぶりにされている。これは、一九世紀の日本でも実際に行なわれた方法である。

このような残忍な死刑は、すでに歴史のなかに埋もれてしまったと思われているが、一部の地域では法的手続きなしに依然として火刑を行なっているという。一九八二年と八九年にはアンゴラで反逆罪に問われた囚人たちが火あぶりにされたという事実もある。

火と同様に「罪を清める」処刑として、水を使う死刑もあった。

水を使う死刑には、錘《おもり》をつけて川や海に投げこんだり、袋詰めにしたまま、おなじように水のなかに投げこむ、あるいは「身体がぼろぼろになるまで」水のなかに浸けて、死に至らしめるというように、さまざまな方法があった。ほかには水を大量に飲ませる方法もあった。囚人は仰向けに寝かされて、身体を強く引き伸ばされる。そうしたうえで、漏斗が喉の奥に差しこまれると、「死ぬまで」水が注ぎこまれるのだ。近年ではイラクにおいて、一九九一年に錘をつけられた囚人がティブル川とシャトル゠アラブ川に投げこまれている。

公開の場での「投石刑」「斬首刑」「銃殺刑」

一九八〇年、サウジアラビアのジッダで、ひとりの女性が公衆の面前で銃殺刑を受けた。女性はハーリド国王の孫娘である。彼女は姦通罪で投石刑の判決を受けたのだが、「王の善意」によって、例外的に二メートルの至近距離からピストルで撃たれて絶命している。愛人だった男性は、おなじ広場で斬首された。

このときの模様は密かにビデオ撮影され、イギリスのテレビで放映されたが、これにはジッダの王当局が激怒し、イギリス外相が謝罪したという後日談も伝わっている。

死刑を合法化している国でも、ほとんどは公開処刑を取りやめているが、独裁体制をしいている国のなかには、いまだに公開を認めている国もある。

死刑制度存置の中東諸国のなかで、イスラーム法が生きるアラブ諸国では犯罪には厳しい態度をとっている。たとえば、アフガニスタン、イラン、ナイジェリアなどでは、通常、斬首、女性の姦通罪には石打ちの刑が行なわれ、主要都市の広場で公開されるといわれ、人権団体などが調査・抗議をつづけている。

被告人に弁護士がつけられることもなく、拷問による自白だけで死刑判決は簡単に出されているという。

また、サウジアラビアとイランでは、殺害された被害者の後見人に死刑そのものを執行する権利が与えられていて、自分で手を下したくないときには、執行人を雇って処刑させてもよいという法律がある。まさに日本の江戸時代に行なわれた「仇討ち」を国が認めた処刑方法といえるだろう。

ナイジェリアの公開処刑では、一九九四年の夏、二万人の群衆の前で三八人が銃殺に処せられたが、そのなかのひとりは死にきれず、そのままほかの遺体とともに墓場に運ばれたという報告もある。

公開銃殺刑を執行している国のなかでも、中国はとくに異彩を放っている。中国の刑法対象最低年齢は十四歳で、公務員横領収賄罪を含めて四六もの死刑対象罪がある。控訴の権利はなく、死刑囚はトラックで市内引き回しのうえ、銃殺場所に連行される。受刑者は首に名前を書いたプラカードを下げられるが、名前の上にはバツ印がつけられ、このことによって、この者がすでに社会の一員ではないことを知らせているのだ。

中国では後頭部を一発撃つのが、通常の処刑方法となっているが、死後利用される臓器の場所によって、弾を撃ちこむ場所を変えることもある。角膜を使う者には心臓を、腎臓なら頭を撃つといったぐあいだ。

正式な統計は公表されていないが、一九八三年から一九八七年のあいだに中国で処刑された人数は三万人、なかでも一九八三年の年初四カ月には五〇〇〇人が処刑されたという。

これら公開処刑は、罪人を断罪するというよりはむしろ、「見せしめ」を行なって権力を誇示しようとしているのではないだろうか。

絞首刑以外の現行の処刑法は？

死刑存置国の多くの国でいまだに「銃殺刑」

死刑存置国がどのような方法でそれを実施しているかといえば、現在でも多くの国で銃殺刑を取り入れている。

銃殺刑を行なう国には、絞首刑も行なっているところが多いが、「吊し首」は不名誉だとする考えが根強く、死刑囚自らが「銃殺を」と望んだケースがある。一九七七年に強盗殺人罪で死刑判決を受けたアメリカのゲイリー・ギルモアは「絞首刑などごめんだ。最後は男らしく死にたい」と人生最後の選択である銃殺刑と絞首刑のうち、銃殺刑を選んだ。

これは、もちろん国や文化によって多少の違いはあるだろうが、ニュルンベルクでナチ戦犯の裁判が行なわれたあと、受刑者は銃殺ではなく、アメリカ軍の執行官の手で絞首刑にされたことからも、その意識を知ることができる。

銃殺刑は時代や国によって、その方法に違いが見られる。

ひとつの方法として、複数の銃殺隊が受刑者に向けて一斉に射撃を行なうものがあるが、アメリカを例にとってみると、受刑者は黒い覆面を首のあたりまですっぽりかぶせられて壁の前に立たされる。射撃のあと前に倒れることがないよう、その身体はバンドで壁に固定される。射撃隊は標的から二〇歩以上離れてはならない。

「用意。構え。撃て」

この号令で心臓を狙った銃弾は受刑者の身体を貫くが、銃殺隊の持つ銃のうちひとつは空砲になっている。これは、日本の絞首刑で踏み板をはずすためのボタンが三つのうちひとつしか作動しない仕組みとおなじで、少しでも執行者の後ろめたさを軽減しようとするものでしかない。

一斉射撃を受けた死刑囚が、いわゆる即死の状態で絶命することは稀だといわれる。それは、いかなる射撃の名人でも、自由を奪われた生身の人間に銃を向けるとき、心の動揺が激しく、正確に急所を狙うことができなくなるからだといわれる。もし、最初の射撃で死に至らないときは、再度、おなじ号令が出されることになるのだ。

こうした「不手際」をなくするため、死刑囚を至近距離から撃つ方法に切り替えてきた国が多い。「死刑囚は手を後ろ手に縛る。背後から頭を撃つ」と、刑事法に規定されている中国をはじめとして、「失敗のない」銃による処刑は増え、ここ二世紀のあいだに世界じゅうのあらゆるところで、銃殺刑の光景が繰り返されている。

性犯罪の囚人に「鞭打ち刑」

現在「鞭打ち」の刑が合法的に行なわれている国には、マレーシア、シンガポール、イスラム諸国などがある。

この刑はもともとユダヤ人、エジプト人、ペルシャ人、スパルタ人、ローマ人のあいだで刑罰として行なわれていたもので、「風紀を乱した」罪で「千回の鞭打ち」刑を宣告されたエジプト人が生還できる見込みはほとんどなかった。

受刑者を打つ鞭は古い時代には、いかに人間の身体にダメージを与えることができるかを考えて、鉛の弾や羊の小骨をつけたものが作り出されていた。アジアにおいても、中国では鉄の爪や釣り針を使った鞭を用いた時期があった。このような鞭で打たれた囚人の皮膚は破れ、やがて血まみれの肉塊となる。たとえ、処刑場でその命が助かっても、ほとんどの者は鞭によって受けた傷がもとになって死亡したという。

パキスタンはかつて鞭打ち刑を行なっていた国のひとつだが、性犯罪、不義密通など「ゼニア」と呼ばれる性犯罪を犯した者がその対象となり、一〇〇回の鞭打ち刑を受けなければならなかった。振り下ろされる一〇〇回の鞭の痛みに耐え、もし受刑者が生きていれば、そのあと、群衆に石で打たせると法律では定められていた。

イランでは二年間に六〇〇人以上の女性が「石打ちの刑」に

石打ちは、かつてはほとんどのイスラム教国、とくに地中海東部周辺の国々で採用されていた処刑方法だ。現在ではイラン、アフガニスタン、ナイジェリアなどの国で行なわれている。

イスラム教国で石打ちの刑に該当する罪は、姦通の罪や肛門性交、同性愛、強姦といった性犯罪だが、これらはイスラム法がとくに重大な罪として定めているものである。

イランではかつて二年間に六〇〇人以上の女性が石打ちの刑に処せられ、アムネスティ・インターナショナルの報告によると、一九八一年にはパキスタンで非合法の結婚をした罪で当事者二名がその宣告を受け、イランでも一九八六年に八名が石打ちにされたという。

石打ちの刑を行なう場合、足枷《あしかせ》をはめる、柵で囲む、あるいは柱や十字架に縛りつけるなどの方法で死刑囚の自由を奪い、頭には頭巾がかぶせられる。

この死刑は特別な執行人が手を下すのではなく、被害者の家族や目撃者、さらに一般人までもが執行でき、参加した者は受刑者の息が絶えるまで、何度でも石を投げつけることができる。まさに集団リンチのような光景が繰り広げられるわけだ。

石打ちの刑で肉を引き裂かれ、骨を砕かれた死体には、多くの場合、処刑に使われた石が山積みにされ、しばらく現場に放置される。それは、法律やしきたりを破ったものは誰でもこういう運命にあると暗く重い警告を市民に与えるための儀式のようなものだ。

イランでは一九七九年のイスラム共和国成立以来、イスラムの刑法がふたたび石打ちの刑を導入し、処刑に使う石は政府の規格にあったものがトラックで運ばれてくる。規格と

は つまり、「受刑者がひとつかふたつ受けただけで死んでしまうほどには大きすぎず、石と呼べないほど小さすぎないもの」だという。一撃で死んでしまっては罪を償ったことにはならず、苦しみののちに絶命することが条件なのだ。

石打ちの刑は、聖書の時代から存在し、民衆のあいだで行なわれる処刑のひとつの方法だった。

新約聖書を開いてみると、不貞を犯した女がイエスの前に引き出され、「モーゼの律法ではこのような女は石打ちにするよう命じられておりますが、あなたは何といわれますか」と民衆が詰め寄ったとき、イエスは地面にしゃがんだまま静かに「あなた方のなかで、罪のない者が、まず彼女に石を投げよ」と答え、その声に石を手にしていた民衆の誰も手を振り上げることはできず、立ち去っていったという記述がある。

一部のイスラム諸国ではいまなお「斬首刑」

斬首刑はアジア、オリエントでは、紀元前のはるか昔から行なわれ、エジプトではラメシス二世の時代にすでに存在した長い歴史をもつ処刑法だ。日本でも約一四〇年ほど前までは使われていたし、戦時中の日本軍でも行なわれていた。

旧日本軍による斬首の処刑

現在、刀による斬首を実行しているのは一部のイスラム諸国だけである。

「目には目を」のイスラーム法が生きるアラブ諸国は、犯罪には厳しい態度をとっている。たとえば、サウジアラビアでは、シャリア法のもとで背教、破壊活動、国家に対する反逆、陰謀、一部の性犯罪、強盗は死刑該当罪となっていた。かつて女性の姦通は石で打ち殺していたが、女性のそのほかの刑は銃殺で、通常は斬首だ。

この国では一九八一年から八九年までのあいだに公開処刑が三一一件も行なわれた。それらは、メッカ、リヤド、タブールなど、国内の主要都市の地方総督官邸前の広場で執行されたという。

斬首の方法は大きく分けて三通りある。ひ

とつは、手を後ろ手に縛ってひざまずかせた受刑者の頭を首斬り台の上に横向きにのせて執行する方法。つぎに身体の前で手を縛り、ひざまずくかしゃがみこんだ受刑者を十分にうつむかせ、執行人に襟首が見えるような姿勢をとる方法。そして最後に、立ったまま処刑される方法だ。

このうちもっとも難しいのは、執行人が刀に力をこめにくい立ったままの処刑だが、イエメンでは伝統的にこの三番めの方法が採用されてきた。

斬首が成功するかしないか、つまり一撃で首を落とすことができるかどうかは、その執行人の腕にかかっている。何度も振りおろさなければならない場合は、それだけ受刑者に苦痛を与えることになるが、受刑者が暴れたり、身体をよじったりしないでじっと一撃を待つという「協力」の体勢をとらなければ、失敗する率は高くなる。

執行人の「技術不足」によるいくつかの不幸な記録が残されている。一六二六年、陰謀罪によってナントで斬首刑になったシャレ伯アンリ・ドタレイランには三二回にもわたって刀がおろされ、一六四二年、リヨンで行なわれた処刑では受刑者のトゥーの首を落とすのに、一二回かかったという。

「死刑大国」アメリカが導入した「人道的」処刑法

無痛・即死を求めて開発された「電気椅子」

これまでに見てきたように、死刑の歴史は人類の始まりとともにあるといっても過言ではない。現に死刑廃止国が増えてきたとはいえ、世界の四分の一の国ではまださまざまの方法で死刑は行なわれている。

そして、かつてフランスで考案された「ギロチン」がそうであったように、「より人道的」な処刑法も時代が進むにつれ、編み出されてきている。一方、「より残酷」に見せしめ効果のある方法が生きつづけていることも現実なのだが……。

とくに「死刑大国」と呼ばれるアメリカは新しい処刑方法を取り入れてきた。

アメリカの多様性は、五〇州のなかに、相変わらず伝統的銃殺や絞首による刑を行なっている州もあれば、電気椅子、ガス室、注射刑などで執行している州もあるところにも見られる。

銃殺刑のあるユタ州やオクラホマ州では注射刑などを併用、アラバマ州、フロリダ州などは注射刑と電気椅子、ワシントン州でも注射刑と絞首刑を併用するなど、いくつかの方法を取り入れている州は死刑囚自身が自分で処刑方法を選択できるというのが、実にアメリカらしいところだ。

銃殺刑や絞首刑につづいてアメリカで取り入れられたのは電気椅子だ。

一九世紀になり、電気が実用化されたちょうどそのころ、ニューヨーク州では絞首刑のあまりの残忍さに住民が憤りを感じ、州知事が絞首刑よりも人道的な処刑方法を探すための委員会を設置した。

そして、まだ開発途上だった電気による事故が多発し、一八八三年から八八年までのあいだに約二五〇人もが電気事故で死亡し、そのほとんどが即死で無痛だったことに目をつけた委員会は、電気椅子の考案に乗り出したのである。

ハロルド・ブラウンによって電気椅子が発明されたのは、一八八八年のことだった。

この方式が委員会の狙いに合致することを証明するために、野良犬、猫、馬、オランウータンまでが実験に使われ、アメリカ国内の各地で実演が行なわれたという。

『ニューヨーク・タイムズ』紙や一部世論は「これこそ、より高度な文明に向けての第一歩」「野蛮と残虐性に対する科学と人類の勝利」と称賛し、連邦最高裁も「これこそ人道的な処刑法」と絶賛したが、実際にはそのような期待を裏切る事例がいくつもあった。

電気椅子による処刑第一号になった男

電気椅子による処刑第一号になったのは、斧で人を殺害し、死刑宣告を受けていたウィリアム・ケムラーという男性だった。一八九〇年四月六日午後六時半、ケムラーはオーバーン刑務所の処刑室に連行されてきた。

電気椅子は丸太づくりで背もたれに長さ四メートルの太い電線が出ていて、電極までつながっている。

ケムラーが燃えないように髪を剃られて、椅子に括《くく》りつけられるようすを、前方に設けられた階段席で四〇人の立ち会い人が見守る。半数は物理学者や医者だった。

ケムラーは導線の電極がついたたらい型の金属製ヘルメットをかぶせられ、平らな電極のついた背もたれにぴったりと背中をつけると、ベルトで胸を固定された。その後、一七秒間、三〇〇ボルトの電流が流された。その瞬間、ケムラーは激しく痙攣し、その衝撃で椅子が倒れそうになったほどだった。

ケムラーの身体から花火のような光が飛び、処刑室のなかに焼け焦げた臭いが充満した。

そして、三分後、電流が切られたとき、立ち会い人たちは息を呑んだ。ケムラーは、まだ

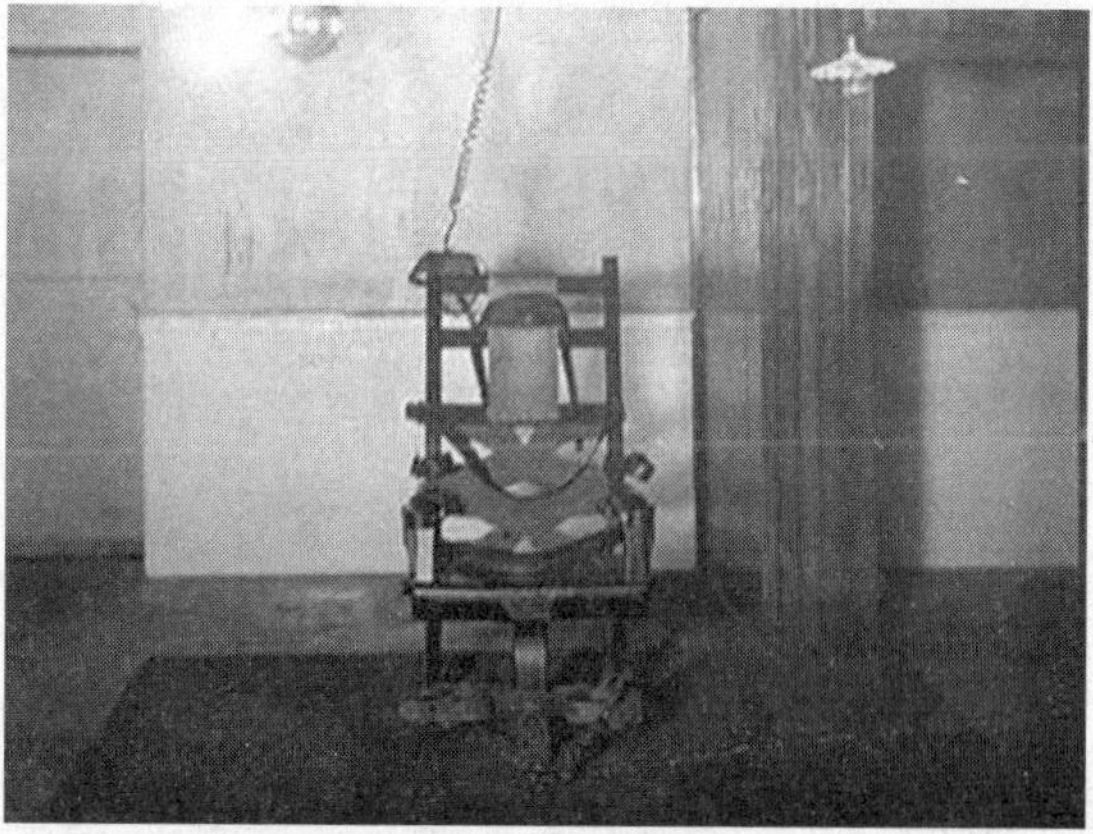

ケムラーの処刑に使われた電気椅子

生きていたのだ。

重苦しい緊張感の漂うなかで、再度電流のスイッチは入れられ、青い小さな炎がケムラーの背中に沿って上下すると、ようやく苦痛は終わり、彼の死亡が確認されたのだった。

死刑後に解剖されたケムラーの体内は「脳みそは焼き菓子のかけらのようになっていて、頭部の血液は黒い炭のようにかたまり、背中は完全に炭化していた」という。

しかし、ふたりの担当医師は「受刑者は苦しまなかった」と報告している。

電気椅子処刑から生き返った男の証言

一九四〇年代半ばになっても、失敗の事例は残っている。

第二次世界大戦が終わった翌年、殺人罪で逮捕されたウィリー・フランシスは、当時まだ十五歳だったが、死刑の判決を受け、二年後の十七歳のときにルイジアナ州アンゴラ刑務所で刑が執行されることになった。

看守に付き添われて処刑室にやってきたウィリーは電気椅子に坐り、ケムラーとおなじような姿勢で固定されると、すぐに電流が流された。激しいショックに痙攣するウィリーの身体から火花が飛び、頭からは白い煙が立ちのぼった。咽喉までたれた目隠しの下から断末魔の叫び声が起こる。だが、彼は死ななかった。

刑務所所長の判断で通電は止められ、ウィリーは病院に運ばれたが、全身に大火傷を負っていた。

「口のなかがまるで冷たいピーナツバターみたいな味がして、青、ピンク、それに緑色の点々が見えたんだ。頭と左足がめちゃめちゃに熱くて、オレは電気椅子の上で飛び上がったよ。オレは神様に死なせてくれって頼んだよ。それほど苦しかったのさ。身体じゅうをすごい熱が突き抜けていくんだ。足の指が曲がっていくのが自分でもわかった。生きたままフライにされてるんだなって思ったよ」

病院で治療を終え、独房に戻ったウィリーは、鉄格子越しにおなじく死刑を待つ仲間にそう語ったという。

ウィリーの弁護士は、「一度電気椅子にかけられた人間をふたたびおなじ椅子に坐らせるのは残酷で憲法違反だ」と主張し、全米でそれをめぐって「是か否か」の論争が繰り広げられた。判断を委ねられた最高裁でも票は割れたが、多数決で「再度試みよ」との結論が出され、ウィリーは二度めの電気椅子で痙攣を繰り返しながら、絶命した。

アラバマ州の電気椅子は囚人たちから「イエロー・ママ」と呼ばれていたが、それはこの黄色い椅子に坐らせられると、母の懐に抱かれたような格好になるからだという。母の愛も知らないような、恵まれない幼年時代を送った死刑囚が多いだけに、実に皮肉で切ない呼び名である。

マニュアルどおりにはいかない電気椅子処刑のトラブル

以前、アメリカ合衆国のなかの一一の州で電気椅子による死刑が行なわれていたが、その手順は綿密に定められ、死にいたるまでの経過も明らかにされている。

まず、受刑者は定められた衣服を身につけ、胴と股をゴムで締めつけた厚いジャージのパンツを履く。その裏は生理用品のように吸水性のものになっていて、最初の放電で膀胱の調整力を失ったときに排尿しても外に漏れないように工夫されている。

処刑室の隣にはガラス窓で仕切られた立ち会い人の部屋があるが、処刑に立ち会うことが許されているのは、電流を流す命令を下す刑務所長、刑務所員、電気技師、受刑者の死亡を確認する医師、スイッチを入れる死刑執行人、州知事の代理人を含めた役人、許可を得た新聞記者、弁護士、そして受刑者が希望した人物などである。

ガラス張りの部屋に入った立ち会い人たちは、処刑のあいだ沈黙していなければならず、静まり返った部屋のなかには電気椅子の周囲で生じる音が音響装置によって流れてくる。

ヘルメットをかぶせる前に刑務所長は「何か言い残すことはないか」と、最後の声をかけ、その後、死刑執行人によって電流が流される。州によってそれぞれ電気椅子のタイプが違うため、流される電流は一九〇〇ボルトから二五〇〇ボルトと幅があるが、受刑者は即座に意識を失い、その後、何の苦痛も感じない、といわれている。

処刑は二分間で終わることになっているが、電流が流れたとたん、受刑者の身体は前に跳びはねる。もし、ベルトでしっかり固定されていなければ、数メートルは投げ出されるほどだ。つぎに身体じゅうのあらゆる筋肉の調整力を失った受刑者には、排尿、排便が見られ、血を吐いたり、舌を強く噛んだりすることもある。鼻からは血の泡があふれる。このとき、受刑者の体温は一〇〇度に達し、皮膚が紫がかって、呼吸器官の麻痺がほぼ完全になる。脳の組織は炭素化し、目が眼窩から飛び出ることもある。

これが、電気椅子による死刑のマニュアルだが、思いもかけない事故は何度も繰り返された。

一九八三年、アラバマ州で行なわれた死刑のときには、一九〇〇ボルト、三〇秒の放電を一四分間のうちに三回受けてようやく死んだという例もあるし、一九九一年のバージニア州の例では、一七二五ボルトで一〇秒、二四〇〇ボルトで九〇秒と規定どおりの放電を受けた受刑者の身体を椅子から降ろしたとき、まだ脈打っているのを医師が確認した。受刑者の身体をもう一度、椅子に戻さなければならなかったという。

受刑者は最初の放電で意識を失い、心臓が動いていても、肺が機能していても、つぎの放電では苦痛を感じない、と多くの医者は断言しているが、では、前述のウィリーは単に運の悪い巡り合わせだったというのだろうか。

その瞬間を味わった者から真実を聞くことができない以上、我々には想像することしかできない。

フロリダ州、アラバマ州、バージニア州、サウスカロライナ州などでは注射刑を併用して、死刑囚が選択できるようになっている。ネブラスカ州では電気椅子による死刑しか行なわれていなかったが、二〇〇八年二月に同州最高裁判所が憲法違反判決を出し、注射刑に変更した。

ネバダ州で執行された「ガス室」処刑の現場報告

二〇世紀になって「近代的、人道的、そしてソフト」な処刑方法として、アメリカで新たに用いられるようになったのは、ガス室の処刑、つまり窒息による死刑だった。第一次世界大戦の毒ガスにヒントを得て、一九二四年にネバダ州で初めて実用化された。

ガス室はほとんどの場合、八角形の鋼鉄製で、完全に密閉できるように設計されていて、入り口は楕円形のドアになっている。内部はふたり処刑できるように、二脚の金属製の椅子が置かれているが、ガス室の仕切り壁には大きなガラス窓があって、立ち会い人がそこから内部のようすを見ることができるようになっている。そのため、このガス室を「水族館」と呼ぶこともあるという。

金属製の椅子の下には、亜硫酸と水の混合物を入れる容器を置き、その上にシアン化合物の入った袋を吊るしておく。受刑者を密室の「死の独房」に入れたあと、ガスが外部に影響を与えないようにするため、すべてのことを機械による操作で行なわなければならない。このため、亜硫酸と水を入れる仕切り弁の開閉、シアン化合物を落とすレバーの操作、あるいは、受刑者の身体が椅子から離れることがないようにといった確認は事前に細かく行なわれる。処刑に備えてリハーサルを六回も行なうことが決められていた州や、処刑前日に死刑囚本人を椅子に坐らせてみて問題がないかどうかをチェックする州もあるという。

処刑当日、看守に連行された受刑者は、椅子に坐ると、バンドを足に二本、腕に二本、腰に一本、胸に一本、そして頭は椅子の上部に固定するよう一本使われて、身動きひとつできないように縛りつけられる。動かせるのは、指と眼だけという状態だ。

そのような姿勢のまま、医師によって心臓のところに聴診器が固定される。この聴診器は外部の増幅器とイヤホンに連結していて、その肉体の変化を知り、死を確認することができるようになっている。

ガスは吸うとすぐに意識を失うとされているが、それには受刑者の積極的な「協力」が必要となる。つまり、息を止めたり、浅くしか吸いこまなかったりした場合、意識の喪失は遅れ、死にいたるまでの時間が長くなるのだ。

ネバダ州の刑務所で行なわれたガス室の処刑の報告には、つぎのような経過が記されている。

●五時三四分……受刑者、ガス室に入る。

●五時三六分……看守が出て、密閉ドアが閉まる。脈拍一〇八。

●五時三六分三〇秒……化学作用開始。ガスが椅子の下から立ち上りはじめる。
●五時三七分……ガスが顔まで達する。受刑者、深く吸う。激しい咳。
●五時三七分一五秒……受刑者、意識喪失の模様。鼓動が一五秒間止まるが、ふたたび規則的に動きだす。脈拍一〇〇。
●五時三七分二五秒……心臓機能の衰え。脈拍六〇。不規則な呼吸。
●五時三七分三〇秒……意識喪失確実。鼓動はまだ規則的だが、極度に弱い。呼吸が止まる。意識喪失後に六回呼吸したあと、呼吸停止。
●五時三八分三〇秒……心臓停止。臨床的な死確実。

ガス発生から二分間で絶命したこの例は、まさに「理想的」な経過で、実際には五分以上の時間がかかる場合が多い。そして、万が一の「失敗」を避けるため、受刑者の身体は死亡確認後も三〇分間、「死の独房」に放置される。

ガスは天井にある排出口から放出され、椅子の下の容器は水で自動的に洗浄される。その作業に三〇分をかけたあと、酸素マスクをつけた看守がガス室内部に入り、受刑者の身体を洗浄して、身に着けていた服はすべて焼却しなければならない。

ガスによる処刑は本当に人道的でソフトか

一九八三年、ミシシッピーで処刑されたジミー・グレイは、ガスが噴出しはじめたのちに、ガス漏れの事故が発生し、死が訪れる前に外部の新鮮な空気を送りこまれた。この空気は命を救うには遅すぎ、死までの時間を長引かせ、ジミーは鋼鉄の柱に頭を打ちつけて、八分間ものあいだ、痙攣し、苦しみながら死ななければならなかった。

そのような例は少なくない。

ガス室の処刑を受けた者のなかで有名なカリル・チェスマンは自分の無罪を訴える本を数冊発表して注目を浴びたが、一九六〇年の五月に処刑されている。彼は親しくなった記者に、「苦しくなったら、顔や指で合図を送る」と約束して「死の独房」に入った。刑の立ち会いを許された記者は、チェスマンがガスを吸いこんだ直後、大きな声をあげ、たしかに合図を送ってきたと報告している。

一度執行の合図を出してしまうと、中断できないこの方法は、ほかにも大きな不幸を招いている。刑務所長室には、最後の秒読みのときにしか使われない、州知事室と直接つながる電話が設置されている。これは、州知事が「執行延期」の知らせをよこす可能性があるためで、どのような処刑の場合にも準備されているものだ。

一九五七年、カリフォルニア州でバートン・アボットが処刑されたときのことである。シアン化合物を亜硫酸の容器のなかに落とす装置のレバーが引かれた瞬間、時のグッドウィン・ナイト州知事からの電話が入った。「執行延期」を命じるための電話だ。死刑囚は、まだ生きていた。しかし、ガスの発生を止める手立てはもうなかった。

やがて、第二次世界大戦後、ナチの強制収容所と、そこで行なわれた毒ガスによる大量殺人という事実が明らかになった。このことから、ガス室を採用する州は極端に少なくなり、現在ではミズーリ州、アリゾナ州、カリフォルニア州、ワイオミング州の四つの州で行なわれているが、ガス室のみで、ほかに選択肢のない州はない。

また、死刑方法の「改善」を目指すオクラホマ州、アラバマ州、ミズーリ州の三つの州は二〇一五年以降、「窒素ガス」を新たな選択肢に加えた。

「眠るように死ぬことができる」といわれる注射刑

致死薬注射による死刑は、いまアメリカの死刑方法の主流となっている。

死刑囚の身体に目に見える損傷がなく、苦痛もほとんどなく、短時間に効果を発揮する薬物注射による「穏やかな」処刑が初めて行なわれたのは、一九八二年のことだった。

その経過を見守るものの目には「殺す」というより「死んでゆく」と映る、この処刑法は、多くの関係者にとって後ろめたさを緩和する力をもっていた。それは、テキサス州の医師団代表コイ・チャップマンの「受刑者に与える唯一の苦痛は注射器を刺す痛みだけである」という言葉で、いっそう確実になり、その結果、致死薬注射による死刑は現在、アメリカでは主流となり、死刑を行なうほとんどの州が採用している。

注射刑の処刑の過程は、どの州もほとんどおなじだ。

まず、独房から出た受刑者は、ストレッチャーに紐で固定され、腕の静脈に針を刺しこまれる。このとき、医学の常識にのっとって、細菌感染を防ぐため、どこでもまず、受刑者の腕を型どおり消毒するのだが、数分後に死亡することがわかっていながら、医学的手続きを踏まなくてはならないところに矛盾と皮肉を覚える。

その直後、処刑室に運ばれ、受刑者自身から腕の部分が見えないように胸のあたりにカーテンが引かれると、壁の向こうの薬物点滴装置から小さな窓を通して管が装塡された注射針に接続される。

「死の溶液」を注ぐために、壁の向こうで死刑執行人がバルブを開けるのだが、通常、このバルブは三つか四つつくられており、そのうちのひとつから致命的な毒物が供給され、ほかのものは無害な液体を出す。各バルブにひとりの執行人がつき、スイッチを押すため、誰が本当の執行人かわからない。

これは、絞首刑や銃殺刑の場合とおなじで、執行人の後ろめたさを軽減するための措置として取り入れられているものだ。

アメリカが薬物注射刑の採用に積極的だった理由のひとつにコスト計算という現実的な要素も含まれている。なにしろ、致死薬装置は安いもので三万ドル、電気椅子は修理するだけでも、その二倍、ガス室になると、さらにその四倍の費用が必要だった。

それでも米国以外で「注射刑」が採用されない理由は?

それでは、致死薬注射による死刑が「理想的な」ものであるかというと、そうではない。

たとえば、受刑者が麻薬常習者である場合には、注射に適切な静脈を探し当てるのがたいへんな作業となる。麻薬常習者の多いアメリカでは、このような例が少なくないのだ。

また、受刑者が注射の際に暴れると、毒物が動脈や筋肉組織に入り、激しい苦痛をともなうこともある。

一九九五年二月までの統計によると、注射刑実施一三八件のうち、一〇回に問題があったと報告されている。係官が静脈注射を行なうための血管を探し当てるのに一時間以上もかかったり、受刑者自身が血管探しに懸命に協力したという皮肉なケースもある。その他、注射液が噴出して立ち会い人にかかったり、致死量の調合を間違えて、死にいたるまでに激しく苦しまなければならなかったなどもある。

イギリスでは五〇年代に、絞首刑に代えて薬物注射を採用するかどうかの議論が行なわれた。このときに「王立委員会」が、こうした処刑を執行できるのは、資格をもった医師であると宣言したため、イギリス医師会は猛烈に反対。結局、注射刑は採用されることなく、絞首刑のみを存続させることになった。

「医師が処刑に関与するのは倫理基準に反する」として反対しているのはアメリカもおなじだ。一九八〇年、医師会は反対の意思を明確に表明し、医師は立ち会うが実際の執行者は医師ではないということになっている。

この処刑法が導入されるかどうかの議論のなかでは、「凶悪な犯罪者にそれほど同情する必要があるのだろうか？　眠るように死んでいく人道的死刑が適切か？」といった別の意味からの反対論もあった。

このように、「なるべく残酷でない方法を」とさまざまな処刑法を考案してきたアメリカ国内で、「被害者や遺族の気持ちはどうしてくれるのだ」と問い返されているのも現実である。

死刑に最終的な慰めを期待していた遺族のなかには、苦しみの対象があまりにあっけなく死んでしまうことに空虚さを感じる人も少なくないという。

死刑制度を廃止する国が増えたのは、なぜ？

かつて、どの国においても行なわれていた死刑は、現代では廃止の方向に向いて動いているといっていいだろう。死刑を廃止した国で廃止以前とくらべて凶悪犯罪が増えたという実証はなく、死刑を存置する正当性がなくなったという立場をとっている。

いまや国際社会においては死刑廃止が共通認識となりつつあるのだ。

世界人権宣言の第五条には「何人も、拷問または残虐な、非人道的な、もしくは屈辱的な取り扱い、もしくは刑罰を受けることはない」という一文がある。イギリスやフランス、カナダなどの国々が死刑を廃止したのは「死刑を存置することは人類や文明国家にとって恥以外のなにものでもない」という確固とした倫理観を基本に、積極的に国民に働きかけてきた結果だった。

二〇一六年の国連総会本会議では、死刑制度廃止についての投票が行なわれたが、廃止

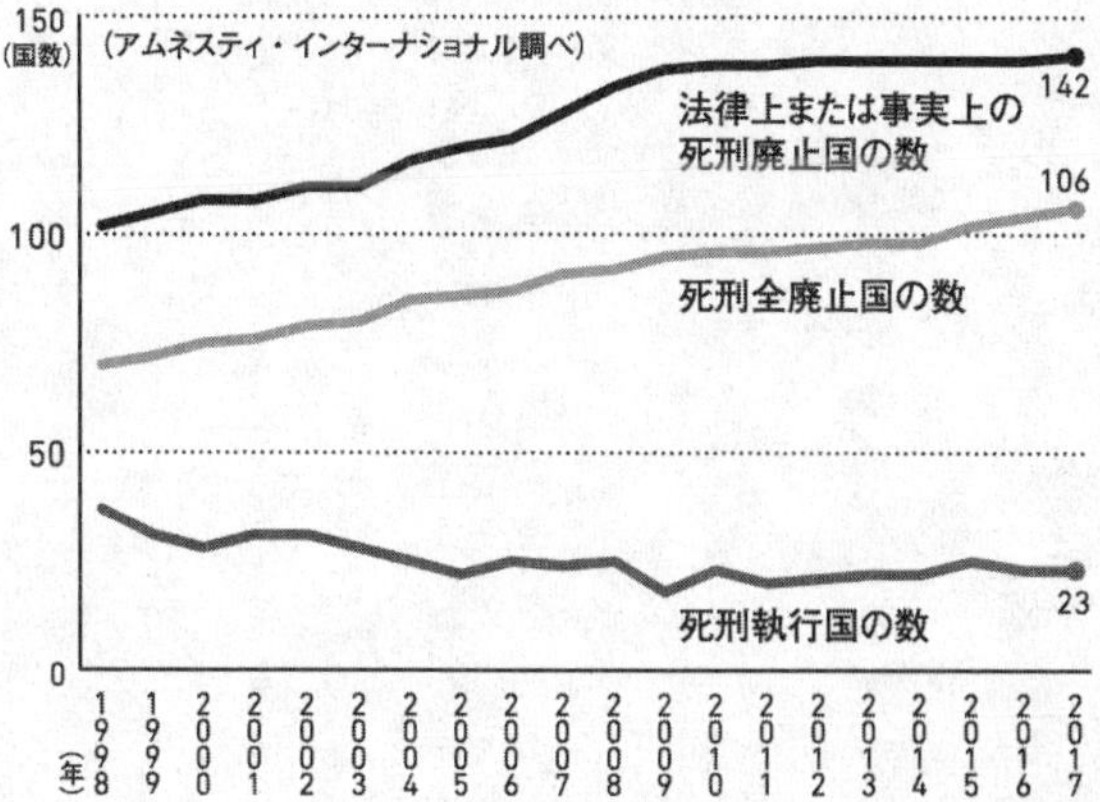

に賛成投票したのは一一七カ国、反対は四〇カ国、棄権三一カ国、欠席五カ国という結果で、死刑廃止を念頭においた執行停止の決議案が採択されている。

しかし、上記のように「人道的」という名のもとにヴェールの向こうに隠され、一般市民にはますます痛みをともなわないものになってきているという現実もある。

それぞれの国の宗教、教育、道徳観などによって、死刑をどうとらえるかは違ってくることだろう。

ただ、事実を事実として知り、避けることのできない問題として論じなければならない時代に来ている。「市民の無関心」が死刑制度を維持している理由だとすれば、それほど貧困なことはないだろう。

第2章　日本の「死刑」も時代とともに変貌

文明開化につれて斬首刑から絞首刑へ

明治に入ってもつづけられた「首斬り浅右衛門」の秘技

一八八〇（明治十三）年に日本の死刑方法が「絞首」だけになるまでは、「斬首」も並行して行なわれていたが、徳川幕府の首斬り役は代々、山田家の家業として受け継がれていたものだった。

そのころの記録は多くは残っていないが、首斬り役人の八代目・山田浅右衛門《あさえもん》として、十二の歳から父親とともに刑場に赴き、以来一七年にわたって「斬首」の刑の執行をしていた吉亮《よしふさ》の話を『明治百話』（岩波文庫）から拾ってみよう。

八代目・浅右衛門は在職中に三〇〇人余りの首を刎《は》ねたが、一八八一（明治十四）年の七月十四日、斬首刑廃止の当日にも、ふたりの罪人の首を刎ねて、その仕事を終えている。

「ここでちょっとお話ししたいのですが、人を斬る呼吸ですな。これはとても一朝一夕にお話は出来ませんし、先祖伝来の秘伝もありますが、素《もと》より万物の霊長の首を斬るんですから、気合呼吸、こいつに真念覚悟《しんねんかくご》というものが何より大事なのです。それゆえ刑場へ参りますと多くは罪人の方を見ません。罪人を見るとどうもいけませんから、まず自分の役廻りとならない間は、刀を手挟《たばさ》んで空を仰いだり草木を眺めたりしています」

弟子たちが浅右衛門の腕に感心し、「先生のお斬りになるときは、いつも綺麗すっぱりと斬るが、どうもその呼吸がわかりません」と問うと、浅右衛門はその呼吸は涅槃《ねはんきょう》経の四句にあるといっている。

用意万端が整って、よろしいとなると、いきなり罪人の前に出て、ハッタと睨みつけ「汝は国賊なるゾッ」といって一歩進み、とたんに刀の柄に右手をかける。このとき涅槃経の四句を心のうちで誦《よ》むのだという。

「第一柄に手をかけ、右手の人差指を下す時『諸行無常』中指を下すとき『是正《ぜしょう》滅法《めっぽう》』無名指《くすり》を下すとき『生滅《しょうめつ》滅已《めつい》』小指を下すが早いか『寂滅《じゃくめつ》為楽《いらく》』という途端に首が落ちるんです」

父親の七代目・浅右衛門が斬首した人物には儒者・頼三樹三郎《らいみきさぶろう》や吉田松陰も含まれているが、八代目自身も米沢藩士・雲井竜雄《くもいたつお》や島田一郎、さらに毒婦の名をはせた夜嵐おきぬ、高橋お伝も、その刃によって首を落としている。

小伝馬町の牢から出された罪人は、両手を細紐で背中に縛りあげられ「寝案駄」という籠長持の平たいものに乗せて、刑場に連行されると、そこで藁縄《わらなわ》によって縛りかえられる。

晒《さら》し首になる罪人の場合は、斬り口の坐りがいいように斬らなくてはならない、とある。

「手前や弟子なぞでも人を斬って帰ってきますと、どういうものか顔がボーッと逆上《のぼ》せて、たいへんな疲れを覚えます、一ト口に血に酔う、とでもいうのでしょうか、とにかく妙な気持ちです。そんな時には、父から徹夜の酒盛りを許されるので、若い弟子たちは底を抜いて騒いだものです。これを世間の人が曲解して浅右衛門は怨霊に悩まされて眠れないため、ああして夜通し騒いでいるのだと伝えたものでしょう」

明治十二年に斬首された「毒婦」高橋お伝の最期

浅右衛門に斬首された高橋お伝は、一八五一年に上野国《こうずけのくに》（群馬県利根郡下牧村）に生まれ、数え歳十四歳のときに、婿をとる形で最初の結婚をしている。しかし、翌年には離婚、やがてふたりめの婿を迎えた。この婿が病を患ったことから、故郷での家業の農業もはかどらず、文明開化の新しい風が吹いている横浜に居を移すことにした。

ところが、これという生活のめども立たないまま、お伝は日暮れになると橋のたもとに立ち、カネのありそうな男が通りかかると、近くの安宿にしけこむ街娼になったのである。

そんな客のひとり、奥村七之介と親しくなり、お伝が七之介に貢ぐようになるまでに、そ

「毒婦」といわれた高橋お伝の斬首刑

んなに時間はかからなかった。

お伝は好きな男のために売春をして、それでも足りないときには客の財布から現金を抜き取って逃げる「枕探し」もした。

しかし、七之介とも長くつづかず、ひとりで東京に移り住み、売春でその日その日をすごすお伝の前に、小川市太郎という男が近づいてくる。ふっくらと色白で美貌のお伝に市太郎は一軒の借家を与え、自分の専属にしたのだが、不幸はすぐにやってきた。商人とはいってもブローカーのような市太郎に二五〇円もの借金ができたのだ。月に一〇円あれば、一家四人が暮らせた時代の二五〇円である。

市太郎から借金のことを聞いたお伝は、その困窮を救ってやろうと馴染み客の古着商・後藤吉蔵に目星をつける。蔵前の宿屋に吉蔵を訪ねたときからお伝は「頼みを聞き入れてもらえなかったら、殺してでも」と考え、剃刀《かみそり》を懐に忍ばせていた。夜は媚態の限りをつくし、吉蔵の気を惹いたものの、朝になると、冷静な商人の吉蔵は、お伝の相談には乗ってくれる気配もない。お伝はこのとき、もう一度吉蔵に挑み、疲れきって寝こんだところを咽喉をかき切って殺害したのだった。

奪った金で市太郎の借金を返し、ふたりで流行の牛鍋で一杯やっていたお伝だったが、踏みこんできた刑事たちによって簡単に逮捕された。

その後、一日でも生き延びたいために嘘を並べ立てたお伝の取調べは二年余もかかり、東京裁判所の判決に基づいて、斬首の刑が小塚原の刑場で執行されたのは、一八七九（明治十二）年一月三十一日のことだった。

おなじ日、安川巳之助という囚人がお伝の前に斬られることになっていたが、この男がブルブル震えるのを見て、お伝は、

「おまえさんも臆病だね、男のくせにサ、妾《わたし》をご覧よ、女じゃあないか」

と笑って励ましたという。

処刑のときを迎えると、左右から押さえ人足がお伝の身体を押さえ、もうひとりがお伝の足の親指を握る。これは、首が前に伸びるようにするためだという。

ところが、いよいよというときになって、お伝は「待ってくれ」といい、「情夫に一目

会わせてほしい」と頼む。浅右衛門は聞き届けられるものではないから、「よし会わせてやろう」といいながら、刀に手をかけた。ここからふたたび、浅右衛門の言葉を借りよう。

「刀に手をかけると、今度は急に荒れ出して、女のことだからキャアキャアと喧《やか》ましい。

面倒なので検視の役人に告げようとすると、そこで懇々とその不心得を説いて斬《や》っちまいましたが、斬り損ねたので、いよいよ厄介でした。

死ぬ間際までその情夫の名を呼びつづけていました」

高橋お伝の辞世の一首「暫くも望みなき世にあらんより渡し急げや三つの川守」は、谷中の石碑に刻まれている。

新方式の絞首刑から生き返った男が起こした波紋

一八七〇（明治三）年、明治政府は絞殺を人力による首絞め法から、懸垂式の「絞柱」に変更して、これを使うようになった。この「絞柱」が、わずか二年ほどしか使われなかったのは、三人もの死刑囚が処刑後に「生き返った」からだった。

「絞柱」には高さ三メートル、三〇センチ角の欅《けやき》が使われ、このうち六〇センチが地中に埋められる。地上に立てられた二メートル四〇センチの柱の下から一メートル八〇センチのところに木の枕をつくるが、これが死刑囚のうなじにあたるようになる。

この木枕と「絞柱」に穴を開けて縄を通し、後ろにたれた縄の先端に重りをかけて、死刑囚を「絞殺」するという仕組みだ。「絞柱」の前面の約九センチの踏み板の上に死刑囚が立ち、咽喉にあたる部分を白の鞣皮《なめしがわ》で包んだ麻縄を首にかけられると、後ろに出た縄の先端には鉄環があって、重りをかける。重りはふたつあって、ひとつは一三貫（四九キロ弱）、もうひとつは七貫（二六キロ弱）で、合わせて七五キロある。

執行のときには、死刑囚の咽喉に縄をかけると、まず大きいほうの重りをかけ、踏み板を外して、身体が宙に浮くと、小さいほうの重りをかけるのだ。

この死刑台から生還した三人の男のうち、ふたりはどのように蘇生し、その後どうなったのかわからないが、ただ一件、一八七二（明治五）年十一月十八日に現在の愛媛県松山市で処刑された男の記録は残っていた。

田中藤作（三十一歳）という死刑囚である。

藤作は久米郡北方村の農民で、一八七一（明治四）年に起きた農民騒動のとき、租税事務所や庄屋宅へ放火した罪で捕えられたのだった。この騒動は、参加者三〇〇〇人と伝えられる大規模なもので、当時の藩では首謀者たちを絞罪にしようと中央政府に御仕置伺い書を出した。ところが、首謀者は良民に直接害を加えたわけではないので、准流一〇年でよいと決定され、実際に火を放った農民ふたりだけが絞罪となったのだった。

当時、松山市藤原町の徒刑場で絞刑を執行された藤作の遺体は、検死ののち遺族に渡された。刑死者の遺体は親族が希望すればこれを下げ渡し、希望者がなければ官医が解剖することになっていた。藤作は幸運にも引き取り手があったため、丸い坐棺に納められ、四里半の道のりを北方村に向かったのである。

そして、徒刑場を出てから約一時間ほど経ったとき、つまり一里（四キロ）ほどの距離に来たころ、土手の上を棺を担いで歩く一行の耳に「うーん」「うーん」という呻《うめ》き声が聞こえてきた。声は、たしかに棺のなかから漏れてくる。いったい何事かと、恐る恐る棺の蓋を開けてみると、死んだはずの藤作が息を吹き返していたのだった。

腰を抜かすほど驚いたが、これといった知恵もなく、そのまま棺を担いで北方村まで戻ってきた。しかし、黙ったままにしておくこともできない。村人たちは相談の末、ことのしだいを県の聴訟課に届け、指示を仰ぐことにした。

連絡を受けた県のほうでも、そんな例はないだけに頭を抱え、中央にお伺いを立てた。江戸時代の死刑は斬首が主で、失敗ということはありえなかったのだ。

伺いを立てられた司法省は、「革命以前のフランスでは、絞罪の刑があったとき、まれに生き返った者がいると、国王の命令でその罪を免じた」と理由をつけ、結局、藤作は、

「田中藤作儀、別に御構無之候条原籍に編入可致事」となり、無罪放免となったのだった。

なぜ、絞首刑の死刑囚が生き返ってしまったのか?

司法省にお伺いを立てる際、県の聴訟課の役人三人は自分たちの進退伺いも提出しているが、これについては、「処刑がすんで、その遺体を親類に下げ渡し四里半の道を担ぎ返り、到着後、初めて温気のあることを知り、生き返ったのである。検視に罪を科すべき理由はない。無罪」となっている。

これを見ると、四里の道を担いで帰宅したあとに生き返ったことに気づいたとなっているが、実際は藤作は徒刑場から一時間ほどのところで息を吹き返しているのだ。おそらく、役人は中央への報告を事実を歪めて行なったのだろう。処刑後わずか一時間で蘇生したとなれば、処刑法や検死のしかたに問題が生じ、責任問題になりかねないと判断したのだ。

では、なぜこのような珍事が起こってしまったのだろうか。

まず、「絞柱」自体が処刑具として適さなかったといえるだろう。

「絞柱」を設計した人物は不明だが、現実につくったのは、野村という名の大工だった。初めて「絞柱」をつくるとき、内務省から方々の大工が呼び出されて入札が行なわれた。

野村はこんな仕事は受けたくないと、原価二五円ほどのこの仕事に一三〇円の札を入れて、これでは落ちないだろうと思っていたら、ほかの大工も考えることはおなじで、野村より安い札はなかった。そして、六〇数個の「絞柱」をつくるはめになったという。

野村は、自分のつくった「絞柱」がたしかに処刑台としてふさわしいかどうか、実験をしている。実験にのったのは、天心真楊《てんしんしんよう》の達人で磯又右衛門《いそまたえもん》という男だったという。

磯又右衛門はみずから「絞柱」の縄に首をかけ、徐々に分銅をかけじわじわ絞めてみたが、すぐにぐったり動かなくなった。そこで、弟子はあわてて縄をはずし、活を入れると、たちまち息を吹き返したのだった。

「これなら大丈夫、どんな者でも生き返らない」と磯又右衛門はいったというが、自分自身は生き返っているのだから、信憑性のない言葉である。

つぎに、処刑のマニュアルにも問題があった。

執行のときの説明に「……つぎに小懸重りを鉤し、懸空およそ三分時、死相を験して下す」とある。現在の絞首刑でも、絶命には一〇数分を要することから考えれば、三分は充分な時間とはいえなかった。さらに、その後の検死といっても、脈くらいはとってみただろうが、死に顔になっていれば執行完了ということだったらしい。

藤作にとっては、いくつかの幸運が重なったといえるだろう。

生き返った藤作は、その四年後に死んだという話と、二六年間は生きていたという話が残っていて、どちらかはわからないが、ただ、「死の縄」をくぐり抜けてきた後遺症か、すっかり精彩を欠いて生まれ故郷に帰り、小さな小屋で孤独な生活を送ったそうだ。

その墓地は墓石さえなく、いまは竹藪《やぶ》になっているという。

大正時代の看守が見た「絞架式絞罪器」による死刑囚の最期

田中藤作の例のような「失敗」を繰り返さないため、処刑具は「改良」され、現在のハンギング・ドロップ方式に変わったが、この「絞架式絞罪器」にかけられた死刑囚のなかでも、最期まで「悪党」を貫いた男の話を、看守・伊井大助が残している。

死刑囚の名前は大米龍雲《おおこめりゅううん》。

一九一五（大正四）年七月十七日、大米は杉並村阿佐谷の尼寺に押し入り、老尼（六十九歳）を強姦し、盗めるものを盗んで逃走したのだが、この老尼が犯人の顔を克明に覚えていたことから逮捕された。

調べが進むにつれ、大米の余罪は、その場にいる者たちを震撼させた。なんと大米は強姦強盗殺人事件五件、強盗殺人四件、強盗七件、このほかにも九件の窃盗を繰り返していたのである。大米は尼寺を専門に狙い、尼さんを凌辱、殺害してから金品を強奪し、さらに放火して逃走するという残虐のかぎりをつくしていた。

起訴後に大米は二、三の強姦事件は和姦であって、好色な尼さんがいたからそうなったのだと否認したが、その他の罪はすべて認め、第一審で死刑の判決を受けた。

「この裁判に不服だったら、五日以内になら控訴することができるから」

という裁判官の言葉に、大米はフンと小馬鹿にしたような表情を見せ、

「面倒くせえから、さっぱりやってもらいやしょうぜ」

と答えたという。

当時、死刑囚は自殺防止のため雑居房に入れられることが多かったが、大米を雑居房に入れたことから問題が起きてきた。同房の者への差し入れ弁当や菓子を誰のであろうと、かたっぱしから無断で食ってしまうというのだ。文句をいおうものなら、「何をブツブツいってやがんだ。おい、行きがけの駄賃だ、なんなら、てめえもひとつ……」とすごまれるものだから、誰も何もいえなくなる。

仕方なく独房に移すと、今度は出される食事に手をつけない。伊井看守が理由を聞くと、

「担当さん。こちとらはもう置き傘の台がなくなるんですぜ、傘の台が。こんな腐った麦飯の官弁を喰って死ねるかってんだ」

という。

娑婆《しゃば》の名残にせめて人並みのものを喰って死にたいというのだが、大米には外部からの差し入れもなく、囚人に特別の弁当を買うという便宜をはかろうにも所持金もない。とはいうものの、数日後には死刑が執行され、絞首台の露と消える命だと、東京監獄の上層部で話し合った結果、窮余の策が出された。死刑囚の死体は、大学で解剖実習用に使われるのだが、その死体料として三〇円が支払われる。大米に、この三〇円を前金でもらうように取り計らったのだ。

「売りやしょう。生きてるうちにてめえの死体を売って、その銭で喰うなんておもしれえや」

こうして大米は弁当、パン、ビスケットと自分の好むものを買って機嫌よく食べたが、伊井看守が「どうだい、弁当の味は?」と尋ねると、「なんだか、てめえの身体をてめえで喰ってるようで妙な気もしまさあ」と答えたという。

この大米の傍若無人ぶりは、死刑執行の直前までつづいた。

いよいよ執行の朝、伊井看守が何気ない振りを装って連れ出すと、大米は「とうとう来やがったか」と独り言のようにいって、草履を突っかけながらニヤリと笑ったという。

「その刹那、私のほうが心臓の奥底までドキリとして、魂が凍ってしまったような気がした」と伊井看守は書き記している。

処刑室に入ると、大米は供物の饅頭をムシャムシャと頬張り、茶を飲み、煙草を吸わせろと要求した。そして、時間になり、係の者が目隠しをしようとすると、

「よせやいっ。くたばっちまえば、どうせ見えねえんだ」

と、頭を振って大声を出した。

そして、大胆不敵な面構えのまま、自ら絞首台に向かって歩いていったという。

死刑に該当する罪種もこんなに変わった

かつての一〇三罪種から一六罪種に大幅減

日本の死刑執行の方法は、これまで述べてきたように、見た目の残虐性を要求された時代を経て、できるだけ周囲に不快感を与えず、なおかつ確実に、という方法へと変わってきた。そして、最終的に行き着いたのが「絞首刑」だったが、死刑に該当する罪も時代によって変わってきている。

我が国最初の刑法規定といわれる「五条書百箇条」が一七四二（寛保二）年に制定されたときは、「人を殺したる者」といった殺人罪のほかに、「密通せる妻、および密通せる男」や「盗人の手引きせる者」「偽薬を売りたる者」といった一〇三もの罪種があげられていた。それがやがて、文化、儒教人道主義の成熟と社会の安定によって、実際の刑の適用や執行に手心が加えられるようになった。

この流れは、明治期になっていっそう進み、一八七〇（明治三）年の「新律綱領」では死刑は五六罪種、一八七三（同六）年の「改定律令」では三一罪種まで縮小されている。そして、一八八二（明治十五）年の旧刑法では死刑罪種は一二に、一九〇八（明治四十一）年執行の新刑法ではさらに一六罪種にまで減っている。わずか四〇年足らずのあいだに四〇罪種もが死刑に該当するものからはずされているのだ。

あらためて江戸時代や明治時代を振り返らなくても、ほんの四〇年前までは、皇族に危害を「加えた」だけで、天皇やその親族に対しては「加えんとした」だけで死刑に該当したという事実があり、現行の死刑該当罪には「内乱罪」や「外患誘致罪」のように、人の命を奪わなくても死刑になるという罪が残っている。

「強盗殺人」などの重罪を犯した者は死刑に該当するが、それすら、時代によって変わってくるのだ。

戦後の事件を見ても、いまなら死刑にならずにすんだ事件もいくつかはある。一九九五年に刑法から削除された「尊属殺人」がそれだ。

尊属殺人罪に疑問を投げかけた「鬼畜の父親殺人事件」

かつての刑法第二〇〇条には「自己又は配偶者の直系尊属を殺したる者は死刑または無期懲役に処す」とある。

儒教的な家制度を重んじる日本の刑法は、尊属殺人罪を一般の殺人罪と区別して、ことさら重罪主義でのぞんできた。

しかし、ある一件の父親殺しの事件が、この刑法を問い直すきっかけになったのだ。

一九六八（昭和四十三）年十月七日の朝刊に、「不倫な父娘関係の清算　事実上の夫を絞殺　呪われた家系の悲劇」「娘が父親を絞め殺す　熟睡中にヒモで　娘の恋愛からけんか」という見出しが躍った。

新聞記事の本文には、つぎのようにある。

「Y市の市営住宅で五日夜、戸籍上は親子関係にありながら事実上は夫婦関係にあった娘が実父を絞め殺すという猟奇的な事件が起こった。いまから一五年前に父親が娘を手ごめにして、夫婦関係を結んだことに端を発し、それまでの正妻が家出、一家が離散するという呪われた家系で、父親と加害者の娘とのあいだには三人の子供まであるという、常識では考えられない生活をしていた」

加害者のA子はこのとき、二十九歳。A子が父親であるSに最初に犯されたのは中学二年の三学期、早春のことだった。二間しかない平屋の小さな家の四畳半に寝ていたA子は夜中、身体に異常な重さを感じ、驚いて叫ぼうとしたが、声にはならなかった。実の父親が裸になってA子の身体に覆い被さってきたのだ。襖一枚隔てた隣の六畳間には母親のKが眠っていたが、自分の夫が実の娘を手ごめにしているなどとは夢にも思っていなかった。

A子の人生は、この一夜を境にして瞬く間に暗転した。Sは、この日から一週間か十日に一度、娘の身体を求めるようになり、耐えかねたA子が母親に助けを求めたのは、一年も経ったころのことだった。

「母ちゃんにいったら承知しないぞ」

幾度も聞かされたその言葉と父親の威嚇的な態度は、A子に強い恐怖心をいだかせ、羞恥心も重なって、その口を閉ざさせていたのだった。

母親のKがSを、

「まるで畜生じゃないか!」

と責めると、Sは包丁を持ち出して、

「父親が自分の娘を自由にしてどこが悪い。つべこべいうなら、みんな殺してしまうぞ」

と暴れはじめる。

KがA子を逃がそうとするたびに、壮絶な暴力が繰り返された。

SとK夫婦にはA子を筆頭に七人の子供がいる。働かず、酒ばかり飲んでいる夫には稼ぎもなく、Kは一家九人の喰いぶちを得るために日雇いの仕事に出ていた。

A子の身体を、妻であり母親であるKの前でも公然と求めるようになったSから逃れようと、家出をしたり、親戚の家に移り住んだりしたことも、一度や二度ではなかった。

しかし、そのたびに連れ戻され、母と娘は殴られ、蹴られた。それは修羅場というしかない毎日だった。まだ中学生のときのこと、どうやってひとりで生きていけばいいのか、まったくわからなかった。

やがて、A子は身体に変調を覚える。Sの子供を宿したのだ。中絶の費用もないし、だいいち中絶という知識すらない。このとき、A子はもはや父親の毒牙から逃れることはできないのだと、その運命を受け入れてしまった。A子、十七歳のときのことである。

このころからSは、A子を連れて家を出、ふたりだけで暮らすようになる。

親子相姦を迫られる娘の父親へのやむなき殺意

A子は二十五歳になってから、Y市のF印刷所に働きに出るようになった。すでにこのときには小学校二年生と幼稚園の年長、年少になる三人の娘がいた。しかも、五度の中絶手術も経験していた。市営住宅に暮らすこの五人を近所の人は、年齢差のある夫婦と子供たちと見ていたし、職場の同僚たちはA子を、父親と年の離れた妹の面倒を見ている感心な娘と見ていた。当然のことながら、夫婦関係をもった実の親子などとは、誰も気がつかなかったし、想像さえしなかっただろう。

A子の心に変化が起こったのは、F印刷所で生まれて初めて心惹かれる異性に出会ってからだった。二歳年下のHから「一緒になりたい」と告白されたA子は、子供たちは自分の子供だと打ち明けているが、まさか子供の父親が自分の父親でもあるとはいえない。

A子は、Sとの生活を葬り去りたいと思いつめるようになっていった。

そして、ある夜、子供たちが寝静まったあとで「結婚したい人がいる」と切り出した。

「若い男ができて出ていくなら出ていけ。俺はおまえらふたりに、いつまでもつきまとってやる。一生苦しめてやるから、そのつもりでいろ」

それが、Sの答えだった。

Sの剣幕と暴力にA子は、翌日から勤めにはもう行かないといわなければならなかった。

この日から三週間経った十月二十五日、午後四時ごろから焼酎を飲みはじめたSは、九時ごろになると、疲れて横になっているA子のそばで、A子を罵りはじめる。

「この売女め。出ていくんだったら早う出ていかんか。俺はどこまでも追いかけていくからな。俺はもう頭にきてるんだ。おめえなんか、呪い殺してやる」

SはA子の両肩あたりに、しがみつくようにして力を加えてきた。

〈私は、殺される。もうこんな生活はいやだ。こんな畜生のような生活をつづけるんだったら、いっそのこと死んだほうがましだ、もう私はどうなってもいい〉

肉体の疲れと追い詰められた気持ちで、A子は無意識のうちにSの身体を仰向けに押し倒して、枕もとにあるSのももひきの紐を手に取った。

Sの首に紐を巻きつけると、Sは、

「さあ、殺せ。おまえに殺されるなら本望だ。人間は一分か二分絞めてると、息が絶えてしまうんだ」

という。

自分には何もできないとからかっているのだと思ったA子の心のなかに、敵愾心《てきがいしん》の炎が燃えあがり、興奮状態のまま、A子は紐を引く両腕に渾身の力をこめていた……。

「尊属殺人罪は憲法違反」裁判の結果は?

A子は二十一日間の取調べのあと、十月二十六日付けでU地方裁判所に尊属殺人罪で起訴された。そして、一カ月後、第一回めの公判が開かれる。

父親殺しは、刑法二〇〇条に示される尊属殺人で、「死刑又ハ無期懲役」となる。これが、傷害致死罪となると、この場合も尊属傷害致死罪が適用され「自己又ハ配偶者ノ直系尊属ニ対シテ犯シタルトキハ無期又ハ三年以上ノ懲役ニ処ス」となっている。少なくとも死刑は免れるが、A子自身が「父親を殺そうと思って首を絞めた」と供述していたので、傷害致死罪の適用は難しいと思われた。

仮に傷害致死罪が否定されるとなると、尊属殺人罪の適用を受けるしかない。そうなると、執行猶予がつかず、A子が実刑になるのは目に見えていた。もし、A子が殺した相手が父親でなければ、たとえそれが夫であっても、それは世間一般でいわれている「殺人」にすぎず、刑法一九九条の「人を殺したる者は死刑または無期もしくは三年以上の懲役に処す」ということになり、事情によっては執行猶予判決の可能性も出てくるのだ。

A子の弁護を引き受けた大貫大八弁護士は、これが通常殺人罪なら、A子にはかならず執行猶予がつくはずだと確信していた。

大貫弁護士は、この事件の突破口はひとつしかないと思った。

つまり、刑法二〇〇条の尊属殺人罪の規定は憲法違反である、だからA子の場合も通常の殺人罪の適用を受けるべきだという論理である。

殺人罪の法定刑は、懲役三年から死刑までと幅広い。その範囲内で十分処罰することができるはずだ。それが憲法一四条「すべての国民は、法の下に平等であって、人種、信条、性別、社会的身分または門地により、政治的、経済的または社会的関係において、差別されない」という精神なのではないか。

刑法は基本的秩序として国家が刑罰を課しているのだから、簡単に変更していると、社会生活の秩序が乱れるという危険性はある。しかし、社会の変化にともなって、それまでにない犯罪が発生し、それが現行の刑法で裁ききれないときには新しい刑罰法規も制定されているのだ。もはや過去のものになった特定の倫理観や価値観によって人を裁くような条文は排除されなければならない。

大貫弁護士は、この法廷での争点の方向性をそう結論づけた。

二回の公判のあと、最終日に行なわれた最終弁論で、大貫弁護士はA子の犯罪事実の内容のなかで「被告人の女としての人生は父親の強姦によって始まるのである、このような悲劇がこの世でほかにあるだろうか」と述べている。

そして、A子の行為は正当防衛、または緊急避難であること、さらにA子の異常な興奮状態は刑の軽減の対象となる心身衰弱状態にあたると主張した。

最後に大貫弁護士は、刑法二〇〇条の規定の違憲性に触れ、つぎのように語った。

「……憲法下旧来の上下関係、服従の道徳律よりすべて個人として尊重される平等の原則に基づく民主的道徳律に置き換えられつつある。親子関係にしても、子はただ親に従わねばならないという服従の道徳思想より、親も子も独立平等の人格者として相互に尊重と理解と信頼の基礎の上に真の親子関係を見つけようとする新道徳思想が生まれつつある。このような見地からすれば刑法二〇〇条、二〇五条二項のようにひとつの社会的身分を維持しようとすることは憲法一四条の精神に明らかに反するものといわねばならない」

一九六九(昭和四十四)年五月二十九日、第一審判決での判決が下された。

「被告人に対し、刑を免除する」

法廷は、刑法二〇〇条が憲法一四条に抵触することを認めたのだった。

その後、検察側はすぐに控訴し、第二審判決は原判決を破棄。心身衰弱による減刑と酌量減刑をし、被告人を懲役三年六月の実刑にした。

大貫弁護士は、上告手続きをとり、結論は最高裁の大法廷に委ねられることになった。

そして、一九七三（昭和四十八）年四月四日午前十時、最高裁で判決言い渡しが行なわれた。

「原判決を破棄する。

被告人を懲役二年六月に処す。

この裁判確定の日から三年間、右刑の執行を猶予する」

最高裁判所は、尊属殺人罪は憲法違反であるという画期的な判断を下し、刑法の歴史を塗り替えたのだった。

死刑確定囚が刑を執行される期日の謎

法律上は、判決確定から六カ月以内の執行となっているが……

死刑確定から執行までの手順は第3章で詳しく述べるが、死刑の執行は法律的には判決確定後六カ月以内となっている。しかし実際には、この期間に執行されることはほとんどない。再審や恩赦請求中の期間が、この六カ月に含まれないからだ。また、共同被告人の刑が確定していない時期なども、六カ月には算入されない。

元無期懲役囚で死刑囚の世話係だった合田士郎の著作『そして、死刑は執行された』(恒友出版)を見ると、死刑確定囚の運命を左右するものに、「身分帳」というものがあると書かれている。

「身分帳」というのは受刑者の行刑観察表なのだが、「呼称番号、氏名、生年月日、事件とその特徴、刑期、入所日、面会・音信状況、親族の住所・氏名・生活状態、精神状態、思想、信仰……」などが記載されている。

そして、「何もしないで思いつめている」「いらいらしている」「明るくなった」「信仰に凝りすぎ」など、そのときどきのようすが観察され、これに記録されていくのだそうだ。

身分帳の内容によって、死刑の時期が早められたり、遅らせられたりすることもあるという。つまり、改悛《かいしゆん》の情が微塵《みじん》もなく、自暴自棄になったり、暴れまわったりすることが多いと、その執行時期に微妙に影響してくるというのだ。

合田士郎被告は一九六一(昭和三十六)年に犯した強盗殺人の罪で死刑を求刑され、東京拘置所の死刑囚監房に収容されていたが、ここで「帝銀事件」の犯人とされ、死刑判決を受けていた平沢貞通《さだみち》と初めて出会っている。

そして、無期懲役囚として確定後、宮城刑務所に服役、「死刑囚監房掃夫」として死刑確定囚の世話をしていたとき、平沢死刑囚と再会する。東京拘置所で出会ったとき、平沢死刑囚はすでに七十歳を超えていた。

再会を喜びあって何日後か、合田が死刑囚棟の廊下を水拭きしていると、「平沢爺ちゃん」が開放錠になっているアトリエ監房から顔を覗かせ、部屋に入れと手招きをした。合田がアトリエ監房に滑りこむと、「平沢爺ちゃん」は、差し入れ弁当をすすめ、「一緒に食べましょう」という。

卵にかまぼこ、刺身、などのご馳走がぎっしり詰まった弁当に、合田は礼をいうのも忘れてむしゃぶりつくように食べはじめたが、そんな彼のようすを見ながら、平沢死刑囚は「一度でいいから、そんなお腹のすく生活がしてみたい」と目に涙をためたという。

懲役囚に比べれば、制限はあるものの食べ物の購入や差し入れが自由にでき、強制労働もない死刑確定囚は、肉体的には健康であってもいいはずなのだが、実際にはどの人も痩せ細り、生彩がないという。

それは、毎日を「今日は執行の日かもしれない」と送らなければならない精神的プレッシャーから解き放たれることがないためだ。

合田自身も死刑を求刑されているあいだは、何を食べてもまずく感じられ、好物の焼き肉はゴムを嚙んでいるように感じられたし、ラーメンは紙のようだったといっている。
こうした生活を送る死刑確定囚にとって、再審と恩赦が制度として十分に機能している
かどうかは重要な鍵となってくる。
一九六八（昭和四十三）年二月、神近市子衆議院議員を中心に日弁連などの支持を受け
た社会党が「一九四五（昭和二十）年九月から五二（同二十七）年までに起訴された者のう
ち、生存の死刑確定囚だけでも再審を認める」という「死刑囚再審法案」を国会に提出し
た。つまり、この期間、日本は戦後の占領下に置かれ、また新旧刑事訴訟法の切り替えの
時期でもあったことから、疑惑を招く判決が多いと指摘したのである。
具体的には、山本宏子、免田栄、山崎小太郎、平沢貞通、西武雄・石井健治郎、谷口繁
義の六事件七死刑囚についての再審を要求したのだ。この時点で、いずれも死刑確定から
一一年以上経過し、長きにわたって拘置されている者ばかりだった。
この再審法案は超党派で恩赦実現へと形を変えていった。しかし、結果を見ると、精神
的病の悪化した山本と、高齢で寝たきりの山崎、そして石井の三人だけが恩赦減刑に処せ
られただけで、再審請求をし、誤判を訴えていた者には恩赦救済の扉は固く閉ざされたま
まだったのである。
この裏には、いったい何があったのか。

米軍占領下の福岡で起きた闇ブローカー殺人事件

戦後間もない昭和二十二年五月二十日の夕方のことである。

福岡県博多市堅粕の鹿児島本線沿いにある県立工業試験所の裏門近くで二発の銃声が轟いた。そして翌朝、ふたりの男の射殺死体が発見された。

被害者は中国人の翁祖金（四十歳）と日本人の熊本文造（四十一歳）。ふたりとも闇ブローカーだったが、両者ともピストルの弾丸によって左肺や心臓を貫かれていた。そのうえ翁は首筋を鋭利な刃物で刺され、熊本はうつ伏せになったところを日本刀で力まかせに背中を突かれたあとが残っていた。

この時代は日本じゅうが殺伐とし、福岡市内でヤミ売買や強盗殺人がつぎつぎと起き、事件当日の夜も福岡署は署員を動員して非常警戒にあたっていた。

警察はこれを軍服のヤミ売買にからむ計画的な強盗殺人事件とにらんで、一週間後には、西武雄（三十一歳）、石井健治郎（三十歳）を含む復員軍人ら容疑者七名を逮捕した。

西容疑者はこの殺人事件の起こった日、現場に近いN宅に軍服のヤミ売買の手付金として一〇万円を預け、まもなく、Nと話し合いのうえ、二万円を取引のコミッションとして残し、残金の八万円を持って帰っていた。この事実に目をつけた警察は、西武雄を事件の主犯とめぼしをつけたのである。

警察の見解にもとづいて当時の新聞は、「軍服一〇〇〇着の売買にからんでふたりをおびき出し、殺害した計画的大犯罪」「西武雄を主犯とする一味七名による強盗殺人事件で、ふたりの闇ブローカーを射殺したのは、西に依頼された殺し屋・石井健治郎である」と報道している。

七名の容疑者はまず、千代田ビル内にあるアメリカ側の軍事法廷で訊問を受けたのち、日本の裁判にまわされた。

このとき、アメリカ側から奇妙な要望書がつけられてきた。

「速やかに裁判し、判決を報告すべし」

というものである。

石井は、ふたりの男をピストルで殺害したことはすぐに認めた。しかし、それは強盗が目的ではなく、喧嘩の現場に行き合わせ、相手がピストルを出そうとしたので、身の危険を感じて撃ったと主張したのだ。

西も、八万円を持ち去ったことは、すぐに認めた。が、殺人現場に自分は行かなかったし、強盗殺人を計画したことも、七名で謀議したこともないと主張している。

この事件は、いくつかの要素が複雑に絡み合い、事実の多くがねじまげられ、計画性のある強盗殺人事件として書きかえられていった。

①軍服のヤミ取引が熊本と翁らのあいだで行なわれ、西はその手伝いをすることになっていた。

②久留米市で親分どうしの喧嘩があり、西の知人・南（一味と見られたひとり・仮名）が、ピストルを入手したがっていた。

③石井はピストルを持っていた。

④逮捕された七名は事件の起こる三時間前に市内の旅館で顔をそろえている。

これが事件発生までの事実だが、これをもとに警察は、あるひとつの筋書きをつくった。つまり、西は架空の軍服をネタに翁と熊本を呼び寄せ、七〇万円という大金を一挙に手に入れようと計画し、そのため久留米の喧嘩を口実にしてピストルの入手を計った。そして、知人から石井という人物がピストルを持っているということを聞きつけ、石井も仲間に引き入れて七名で謀議。現場で石井たちにふたりを殺害させると、自分は手付金を奪って逃走した。以上のような展開である。

たしかに、石井は、ふたりの人間を射殺している。そして、西は八万円を入手していた。しかし、獄中のふたりはそれぞれ、誤判と冤罪を主張した。西は現場に行っていないし、石井は翁と熊本の喧嘩の仲裁に入り、相手が撃ってくると思ってとっさに機先を制して撃ってしまったのだという。

その声を聞き、雪冤運動を日本じゅうに広げていったのは、教誨師《きょうかいし》として福岡拘置所でふたりの死刑囚に接した古川泰龍《たいりゅう》氏だった。

誤判・冤罪を叫びつづけるふたりの死刑囚

古川氏は膨大な記録を読み、刑期を終えて出獄した共犯たちから話を聞き、西、石井両死刑囚に疑問をぶつけ、事件を初めから洗いなおしていった。それはもちろん、一言ではいいつくすことのできない気の遠くなるような作業ではあったが、事件の真相はしだいに明らかになっていった。その流れに簡単に触れておく。

まず、西は自分の経営する芸能社の衣装係として働いたことのある南から、喧嘩のためにピストルを必要としていると相談をもちかけられ、知人を介して石井がピストルを持っていることを知り、石井の行方を探す。西と石井は謀議がなされたとされている旅館で、

事件現場を検証する人々のなかに占領国・アメリカ人の姿も……

古川氏を先頭に明治百年恩赦請願托鉢運動が展開された

事件の三時間前に「初めて」顔を合わせている。

このとき、二名が西の知り合い、三名が石井の知り合いで、七名が顔をそろえているのだが、ほとんどが復員軍人で、戦地での思い出話に花を咲かせている。

やがて、夕刻のヤミ取引の行なわれる時刻になったので、西はあわてて約束の場所であるN宅に向かい、何人かがそれに従った。

石井の持っている小型拳銃・ザビエルは、その取引が終われば、その代金で買うという話になっていた。このため、石井本人も取引場所のそばで待つことにしたのである。

西が駆けつけると、取引場所はN宅から「浜利」という近くの食堂に変更になったという。西についてきた連中は石井たちと合流して、西を待つことにした。

西は食堂のなかに入って、商談の相手が中国人であることを初めて知った。用心棒を四人も連れた翁が約束の一四〇万円を持参していないことから、話はこじれたが、保証金として一〇万円を払うということで、一応両者は納得したらしい。この一〇万円を西は仮荷主になっているNに預け、熊本は翁を伴って軍服の隠し場所に向かった。

このとき、ふたりの雲行きが怪しいと感じた西は、南に「熊本さんに付き添ってくれ」と頼み、自分は食堂に引き返した。

距離をおいて、しばらくふたりの後ろを歩いていた南の目に、熊本と翁のあいだの話がこじれてきたように見えた。ふたりは立ち止まって手を振り上げながら、荒々しい口調で言い争っている。翁がポケットに手を入れ、ピストルらしいもので脅しにかかっているようすを見て取った南は、とっさに石井のもとに走った。

「ピストルを貸してくれんか」

南はそう頼んだが、石井は、代金引替でないと渡せない、と突っぱねる。

南は仕方なく、ふたりのところに走って戻ると、ますます険悪な雰囲気になっていた。素手では危険だと、また石井のところに取って返す。こんなことを繰り返し、石井と日本刀を持った山本が現場に向かったのは、南が三度めに走ってきたあとだった。

工業試験場裏門の空き地でふたりの男が大声で口論している。石井が線路沿いに立ち止まってようすを見ていると、翁がハッとしたようすで、石井の顔を見る、そして、片足を一歩後ろに引き、上着のポケットからピストルを出そうとした。その瞬間、「殺される」と直感した石井は、反射的にザビエルの引き金を引いていた。

銃声に驚いた熊本と南が何やら叫びながら走ってきたが、ちょうどそばを通過していく列車の轟音にかき消されて、石井には何をいっているのか、聞き取れなかった。しかも、逆上していた石井は熊本が自分に躍りかかってくると錯覚し、ふたたび、ザビエルの引き金を引いてしまった。

そして、どういうわけか、南は倒れている熊本の首に短刀を突き刺し、つづいて、山本も日本刀で翁の背中を刺したのである。

石井は、撃たなければ自分がやられると、とっさに判断して翁を撃ち、熊本に対しては平静さを欠いた状態でとった行動だったと思われる。そして、山本は久留米の喧嘩が福岡で起こったと錯覚して、喧嘩の相手に留めを刺したつもりだった。

しかし、不可解なのは南の行動だ。この点について、古川氏は『白と黒のあいだ』という著書で、つぎのようにその心境を推察している。

「おそらく南は、熊本狙撃の瞬間『しまった！』と思ったにちがいない。そして、つぎにこの偶然の狙撃事件が自分に責任があることを直感し、熊本に責任を詰問されることを怖れて、熊本の抹殺によって責任の所在を不明にしようと、血を見た逆上のなかで素早く計算したのかもしれない。あるいはとっさに翁だけでなく熊本まで射たれたのだから、自分も石井に射たれるかもしれないと怖れ、石井は事件に味方するもののごとく媚態を示して熊本を刺したともみられる。なにぶん、南と石井は事件発生の二、三時間前に初めて会った間柄であるし、相手の素性もわからず、また、何を考え、何をしでかすかもまったくわからない相手である……」

この南の不可解な行動が「七名共謀の強盗殺人」という嫌疑を強めた結果になってくる

のだが、西と石井のグループがその日まで見知らぬ間柄だったことが、事件を解く鍵にも、疑いを強める要因にもなっているのだった。

南はその後、逃走し、石井は仕方なく、食堂にいる西にふたりを殺してしまったことを連絡に行く。西にとっては、信じられない顚末だった。そして、Nに一〇万円を預けていることを思い出し、このままではNにも迷惑をかけると考えて、その金を引き取りに行ったのだが、事情を説明するわけにもいかず、二割を手数料として要求するNに二万円を残し、八万円だけ受け取った。

この八万円がのちに、西を主犯と断定する材料になってしまったのである。

戦後の時代を映し出す、世にも不可解な裁判

この時代、ピストルなどの凶器は復員軍人や占領軍の兵士から簡単に手に入れることができ、戦争の影はまだ色濃く残っており、人を殺したり、傷つけたりすることに対して、いまより鈍感な部分があった。戦場での殺伐としたものが、生き残っていたのである。

やがて、七名全員が逮捕されると、警察は強盗殺人事件として取調べ、容疑者にとって不利な調書がつぎつぎにつくられていく。七名が事件の経緯を把握できないところで、取

調べは進められ、お互いが疑心暗鬼に陥っていった。

石井はふたりを殺害したことはあっさりと認めたが、西も石井も強殺計画については強く否認した。西をどうしてもその主犯にしたい警察側は、脅しともいえる手口で周辺からの供述を固めていった。

たとえば、第二審第三回の公判調書に、つぎのような南の言葉が残っている。

「おまえがいつまでも逃げているから、西が何でもおまえがやったように述べておる。もし、おまえが西から命令されたようにいわなければ、西のかわりにおまえが死刑になるぞといわれましたので、嘘だとわかっておりましたが、左様に述べたのであります」

旧刑事訴訟法の生きていたこのころは、証拠がなくても自供だけでクロにすることができた。

主犯とされた西と、実行犯の石井への取調べはとくに厳しく、西などはロープでグルグル巻きにして宙吊りにされ、鼻からヤカンの水を注がれたこともあったという。あげくの果てには、白紙の調書に拇印を取られ、調書そのものを捏造《ねつぞう》された。石井も、納得のいかない調書に三人の刑事が馬乗りになって無理矢理拇印を押させたといっている。

こうまでして、なぜ西と石井を強盗殺人事件の犯人に仕立てあげたかったのか。

そこには、敗戦という時代背景が大きく影響していた。

殺された被害者のひとりは中国人の有力者、つまり、占領下の日本で戦勝国の中国人が敗戦国の日本人に殺されるという事実があったのだ。

第一審の裁判が行なわれたとき、傍聴席は中国人で埋めつくされ、石井と西に死刑判決が下ると、

「七名全部を死刑にしろ！」

と怒号が飛んだ。

すると、裁判長は、

「今回はこれで了承してください。まだ第二審もあることですから……」

といって、傍聴席に向かって頭を下げたという。

参議院議員を唖然とさせた死刑執行の謎

ふたりはこの判決を不服として、最高裁に委ねたが、一九五六（昭和三十一）年四月、最高裁は上告を棄却、原判決を支持して、ふたりに死刑の判決を下した。

こうした占領下の暗黒裁判に疑問を感じ、一〇年間にわたってふたりの死刑囚と接してきた古川泰龍氏は、その後、積極的にこの事件とかかわり、死刑執行延期と再審への道を

訴えつづけた。ここで、その長い道のりとたいへんな労苦を書きしるすことはできないが、運動の成果は先に述べた国会への「死刑囚再審特例法案」の提案で結実したかに見えた。一九六九（昭和四十四）年七月八日、西郷法相は再審特例法に代わるものとして、恩赦を積極的に運用するとの見解を出した。

そして、ようやく石井健治郎死刑囚に恩赦決定の朗報がもたらされたのは、一九七五（昭和五十）年六月十七日のことだった。

ところが、このおなじ日、西武雄死刑囚には死刑が執行されたのである。

当時、神近市子女史に替わって国会に対して再審運動をつづけていた佐々木静子参議院議員は、法相が替わるたびに、「死刑囚再審特例法案」に関わる死刑確定囚に対して死刑を執行しない旨の言質をとりつづけてきていた。国会での佐々木議員の質問に対しても、法務省は「恩赦を前向きに検討している」との答弁を繰り返していたのである。

そんな矢先、佐々木議員は政府から「国連会議に出席するように」との命を受け、メキシコシティに向かうことになった。後ろ髪をひかれる思いで、日本を発ったのが六月十五日。そして、死刑が執行されたのは十七日のことである。

執行については再審請求運動を行なっていた古川氏はじめ、西・石井両死刑囚の支援者にも知らされていない。本人たちに知らされたのも、その当日であった。

「恩赦却下です」

独房の西死刑囚に看守は、そう声をかけた。

そして、西はそのまま、死刑台に連行されていったのである。

メキシコシティで、その連絡を受けた佐々木議員は帰国後、その経緯についてさっそく調査を始めた。それによると、最終的に西の再審請求が却下されたのは六月六日、そして、死刑執行当日までその事実は伏せられたままだったという。

当日の朝、看守が西の独房に来たのが十時十五分。そして十時三十五分には係り員が死亡確認をしている。その間、わずか二十分だった。死刑が執行されたときの、平均死亡時間は一四分四七秒という記録がある。とすれば、十時二十分には着手していなければならない計算になる。看守が来て、絞首台にのぼるまでにわずか五分……。

処刑場に行く前に、所長室で令状を受け取ることなどを考えれば、処刑場まで、かなり早足で歩かなければならないことになる、当然、身辺整理をしたり、遺書をしたためたりする時間はまったくなかったことだろう。

佐々木議員は、

「再審請求が却下になったのは六日なのだから、その書類を郵送しても八日には福岡拘置所には届いたはずです。そうすれば、西さんは再審請求をしたり、あるいは遺書を書くなどのこともできたはず。突然のことに、どんな心境で死んでいかれたのでしょう」

と語っている。

無実を叫びつづけていただけに執行の知らせに取り乱しはせぬかと、所長も心配したが、西は「そうでしたか」と答えただけで、タバコを一本うまそうに吸って、落ち着いた態度で刑場に向かったという。

なぜ、このような無謀な執行が行なわれたのだろうか。

そして、何より、実際にふたりの人間を射殺したことを認めた石井が恩赦となり、いっさい関わっていないといいつづけ、現場にすら行っていない西に死刑が執行されたということはどういうことなのか。それは実に素朴な疑問として残る。

西が拘置所内で書き残した句を二首、紹介しておこう。

われのごとく愚鈍よかなし冬の蠅

叫びたし寒満月の割れるほど

晩年の石井は寝たきりの床で、うわごとのように「西は関係ない。やってない」と繰り返しながら、再審開始の声を待ちつづけていたが、二〇〇八年に九十一歳で息を引きとった。

歴代法務大臣はなぜ「帝銀事件」平沢死刑囚の執行命令を出さなかったのか？

一九八七（昭和六十二）年五月十日、帝銀事件の平沢貞通死刑囚が肺炎のため獄死した。逮捕以来ほぼ四〇年にわたる長期拘留で、一七回におよぶ再審請求、弁護団による五回の恩赦願いなどはすべて却下された末の死だった。

帝銀事件とは、いったい何だったのか、その概要に少し触れておこう。

一九四八（昭和二十三）年一月二十六日午後三時すぎ、帝国銀行椎名町支店に初老の男が訪れた。都の防疫班を思わせる腕章をつけた男は、「東京都防疫課厚生技官　医学博士某」という名刺を差し出した。

「近くに集団赤痢が発生したので、米軍の消毒班が来るが、その前に予防薬を飲んでもらうことになった。これはGHQのホートク中尉の指示だ」

という男の言葉に銀行のなかにいた行員、用務員とその家族など、一六名が集められた。

男は湯のみに駒込型ピペットを使い、薬瓶から鮮やかな手つきで薬を注ぎ分けた。

「GHQ放出の薬で非常によく効くが、歯に触れるとホウロウ質を傷《いた》めるので舌を出し、舌に巻きこむように飲んでほしい」

男はそう指示をしながら、自らが手本を示すように薬を飲んでみせた。実演を真似て薬を飲んだ一六名は約一分後にバタバタ倒れはじめ、四、五分後にはつぎつぎに死んでいった。一六名中四名は意識を回復したが、現金一六万四〇〇〇円と額面一万七〇〇〇円の小切手が紛失し、湯のみからは、青酸化合物が検出された。

当初、捜査当局は、毒物操作に慣れた手口などから、旧軍の細菌研究部隊などに捜査の的をしぼっていたが、七カ月後、捜査方針は謎の大転換をして、八月二十一日、文展無鑑査の著名な画家・平沢貞通容疑者（四十七歳）を逮捕。別件詐欺罪で起訴された平沢容疑者は拘留一カ月後に犯行を自供した。

しかし、起訴後、一貫して犯行を否認、一審、二審、上告審を争ったが、一九五五（昭和三十）年四月六日、最高裁で死刑が確定した。

この裁判には数多くの疑問が残った。

当時、青酸カリの最低致死量は小動物の実験から体重比で〇・一五〜〇・三グラムが人体の青酸カリ極量とされていた。この微量の青酸カリを服用すると、十数秒の早さで窒息死する。

ところが、帝銀事件の犯人は、ピペットで分配した薬のあとに「セカンド」と書かれた瓶に第二薬を用意しておいて、「一分後に中和剤としてこれを飲んでください」と指示をしているのである。つまり、犯人は一分後の中毒症状、四、五分後の中毒死をもたらす最低致死量を心得ており、毒物に通じていたのだ。

捜査の結果、この毒物は戦時中、捕虜（マルタ）を使い、繰り返し人体実験を行なって石井部隊（七三一・一六四四部隊）と軍の技術研究所が開発した「青酸ニトリール」ではないかと疑われた。

この事件の直前、アメリカ占領軍は七三一部隊とのあいだに、研究データを提供するなら戦犯を免責して隠蔽するという闇取引をしていた。同様に七三一の研究成果を追求していたソ連に対して、七三一が表ざたになるのは占領軍はなんとしても避けたかった。

そもそも、平沢容疑者は最初の取調べのときから、湯のみをコップといい、薬は瓶から直接湯のみに注いだと自供している。そうした初歩の段階からつじつまの合わないことがわかっていて、平沢に薬物に関する知識がないことも承知していながら、なぜ、裁判はこんな結果を招いたのか。

「死刑囚再審特例法案」の対象者には平沢死刑囚の名前も入っていた。

しかし、再審請求、恩赦ともに取りあげられることはなかった。

かつて刑法には「第一編六章　刑の時効および刑の消滅」という項目があって、その第三一条には「刑の言い渡しを受けたるものは時効によりその執行の免除を得」とあり、第三二条には「時効は刑の言い渡し確定したるのち左の期間内その執行を受けさるにより完成す。一、死刑は三〇年（以下略）」とあった。

この項は二〇一〇年に改正され、死刑が対象から外されたが、それ以前に死刑判決を受けていた平沢死刑囚の四〇年という獄中生活に、なぜ適用されなかったのか。

そして、なにより死刑確定囚となりながら、歴代法務大臣はなぜ死刑執行命令を出さなかったのか。なぜ、出すことができなかったのか。

福岡事件、帝銀事件ともに、国の名のもとに真実が闇に葬られようとしている事件である。

第3章 「最期の日」までの死刑囚の日々

厚い壁に閉ざされた死刑囚の獄中生活

「連続企業爆破事件」益永死刑囚への拘置所からの申し渡し

一九九八年六月二日、東京拘置所の係員がひとりの死刑確定囚に、所持品についての申し渡しをした。「認められている数量より二〇箱あまり超過しているので一カ月以内にこれを解消しないと購入・差入れを制限されることがある」と通告をしてあったのに、超過分を処分しなかったので、所持品の制限を申し渡すというのだ。

①衣類の差入れ購入は認めない
②日用品で領置可能なもの（ハブラシ等）は、現在使用中のものとの交換を前提に差入れ・購入を認める
③私本（雑誌以外の書籍）の差入れ・購入は認めない
④雑誌は所持許可冊数（三冊）内で差入れ・購入を認める
⑤その他の文書（パンフ類）は、房内所持の現状が三メートル以下なので、差入れを認

める

という制限である。

申し渡しを受けたのは、いわゆる「連続企業爆破事件」をひき起こした益永（旧姓片岡）利明という死刑確定囚だ。

「連続企業爆破事件」が起きたのは、一九七四（昭和四十九）年の八月三十日。ちょうど昼休み時の人が混みあう時間帯に、東京・千代田区丸の内の三菱重工本社ビルで時限爆弾が爆発し、八人が死亡、三八〇人あまりの人たちが重軽傷を負うという大惨事となった。つづいて十一月に、三井物産本館前で爆破事件が起こり、一七人が重軽傷を負い、その後さらに、帝人中央研究所や大成建設の本社などがつぎつぎに爆破された。

いずれも「東アジア反日武装戦線」が犯行声明を出しており、半年ほどのちに警視庁は、実行グループ「狼」の益永利明容疑者や大導寺将司容疑者ら、三グループの八人を逮捕した。別のメンバー二人も全国に指名手配され、のちになっていずれも逮捕された。

もともとは熱心なキリスト教信者だった益永がなぜこの事件をひき起こしたのか。彼自身がそのことについて語っている。一九七〇年に日米安保条約が自動延長されて学生運動が急速に衰退していくころ、教会での運動作りをめざしていた益永は、教会の人たちに対して、「多くの学生、市民が、この不正な社会の変革をめざして立ちあがっているとき、キリスト者はこれを傍観するだけでよいのか」と問いかけた。

しかし「その反応は無視か反発でした」という。そして、悩み迷ったあげく、本格的な武器による闘いに突き進んでいった。彼自身の言葉によると——。

「生命への畏怖感つまり殺人への抵抗感が、武装闘争の決意をずっとためらわせていました。ぼくがその抵抗感をふっきったのは、テレビの報道番組で、ベトナム戦争で難民となった赤ん坊が死んでいく（殺されていく）姿を見たときです。ベトナムを侵略してきた帝国主義者たちへの怒り、侵略を阻止することができなかった自分の無力さに対する怒りと悔やしさが胸に溢れて涙が止まりませんでした。ぼくはその赤ん坊に『必ずかたきをとってやる』と誓ったのですよ」

「三菱重工の爆破は、建物に被害を与えて業務を妨害することが唯一の目的で、人を殺傷する意図は全くありませんでした。しかし、ぼくたちの未熟さや認識の甘さから予告電話の効果を過信してしまい、しかも予告から爆発までの五分の間隔しかとらないという致命的な誤りを犯してしまったために、死傷者の発生という予定外の結果を招いてしまったのです。このような結果が予め判っていたら、ぼくたちは爆破を実行することはなかったでしょう。

ぼくたちを闘いにかりたててきたものは、国益という名の私益のために戦争を起こし、民衆を殺りくし、民衆の自由を奪ってきた者たちへの激しい怒りでした。天皇も三菱もすべてそのような戦争の当事者であり、今も形を変えて『経済』を武器にしてアジア、アフリカ、ラテンアメリカなどを侵略しつづけている当事者なのです」

「しかし、より本質的に考えるならば、ぼくたちの心が日本の一般市民に対して閉じられていたことこそが、あのような誤った判断を導く原因になったのではないかと思えてならないのです。

あのときのぼくたちは、人間が人間として見えていない状態だったのではないでしょうか。理屈では、丸ノ内で働く人たちも自分と同じ人間であると判っています。建前では、かれらも変革され解放されていくべき人たちなのだと考えています。しかしぼくたちは、実際にそのことをどれだけ深く確信していたでしょうか。頭だけの理屈、頭だけの建前で終っていたのではないでしょうか。ぼくたちの心は実際には彼らに対して閉じられていたのだと思います。ですから彼らの生命を守ることも建前でしか考えられず、彼らの立場に立って計画の現実性を十分に吟味することができないままつっ走ってしまったのだと思います。ぼくたちは彼らの死をつきつけられて初めて、かれらがぼくたちと同じ血と肉をもった弱くはかない存在であることに気づかされたのです」(一九八六年十一月二十日)

益永がこう書いたのは、三十八歳のとき。二十六歳で事件を起こして逮捕、東京地裁で死刑の判決を受け、最高裁で裁判が係属中のときだった。

それから四カ月後の一九八七年三月、最高裁は上告を棄却、死刑判決が確定した。

彼ら死刑確定囚は、無期懲役囚や有期の受刑者のように懲役作業の刑を受けているわけではなく、死刑の執行で初めて刑を受けることになる。そのため、「受刑者」とは呼ばず、「死刑確定囚」と呼ばれる。

死刑確定囚は、益永の受けた制限と同様、さまざまな制約を受けながら獄中生活を送っている。彼らは、どんな身分として扱われ、具体的にどんな生活を送っているのだろうか。

死刑囚は、どこの、どんな部屋に収容されているのか？

死刑確定囚は全国の七カ所（札幌、仙台、東京、名古屋、大阪、広島、福岡）にある拘置所に収容される。

居室は独居房で、七・五平方メートル（畳三枚と板の間）の部屋に衣類戸棚、洗面台、便器などがあり、基本的には未決囚の部屋とおなじだ。

ただし、一九七三年に連合赤軍の幹部・森恒夫が自殺したことがあって以降、東京拘置

2012年に公開された死刑囚の居室と同型の単独室（毎日新聞社提供）

所では「保安房」と呼ばれる自殺防止房が設置され、そこに拘置される場合もある。前述の益永利明死刑囚も「保安房」に収容されていた。

その部屋には突起物がなく、窓も開かず、そのために風通しや採光も悪い。そして、電灯の下でテレビカメラによる二四時間監視の態勢がとられている。

益永死刑囚は、「今一番したいこと」として、「思いきり体を動かし汗を流してから、まっ暗な部屋で心ゆくまで眠ること」を挙げている。

これまで部屋のなかは、用便中でも、扉の監視孔から覗けば丸見えの状態であった。ところが、一九九八年一月二十一日から東京拘置所の各房に、便器の衝立《ついたて》が備えつけられた。これについて益永は個人交流誌の「ごましお通信」四七号で、「おかしなもので、ついたてなしのトイレに慣れてしまった私には、ついたてに隠れて用便することの方が、かえって恥ずかしく感じられます。そのため、私の房では、ついたては邪魔もの扱いです。職員に、『狭い部屋がますます狭くなって邪魔なだけだから、倉庫にしまっておいてくれ』と頼んだのですが、『房の備品は預けられない』と断られてしまいました」と述べている。

この「保安房」の劣悪さについては、参議院の法務委員会でもとりあげられたことがあり、一度に多くの死刑執行にハンを押したことで有名な田中伊佐次法務大臣でさえ、「そういう部屋に収容しておるということ自体が人権上大問題」と答弁したくらいだ。

独居房で暮らす死刑囚の一日は？

朝七時、全房のなかにチャイムが流れる。死刑囚の一日の始まり。二〇分のあいだに布団をたたみ、洗面、掃除をして部屋の真中で扉に向かって正座をして待つ。

「点検！」の声とともに、看守長あるいは副看守長が部下の刑務官とともに点呼にまわってくる。

つぎに、「配当ォ！」の声があがると、つぎつぎに、まるで歌の輪唱のように「ハイトオ」「ハイトオ」という連呼になり、舎房全体に悲しげなこだまのように響きわたる。朝食の配当である。当番の内掃夫（雑役夫＝無期懲役の模範囚や短期受刑者）が手押し車を引いて、扉の下のほうにある食器孔（三〇センチ四方）から、茶、飯、味噌汁、漬物を入れてまわる。死刑囚と未決囚は二二〇〇キロカロリーを基準としている。

刑務所内の、懲役囚が何人かいる雑居房では、この配食をめぐり、「自分の味噌汁はワカメが一枚少なかった」などといって受刑者どうしの喧嘩がよくあるというが、拘置所の独居房ではそういったことは起きない。

名古屋拘置所を例にとると、次のような時間割になっている。日曜祭日、年末年始の休み期間には、この起床・点検・朝食の時間は約三〇分ずつ繰り下げられる。

〈死刑囚の一日の時間割〉

午前七時……………起床
午前七時二〇分……開房点検
午前七時三〇分……朝食
午前一一時三〇分…昼食
午後四時二〇分……夕食
午後四時五〇分……開房点検
午後五時……………自由時間
午後八時……………仮就寝
午後九時……………就寝滅灯

一九九五(平成七)年時点で、全国の拘置所に拘置されている死刑囚全員について書かれた大塚公子著『57人の死刑囚』(角川書店)のなかに、益永利明とともに逮捕され、死刑判決の確定した大道寺将司の手紙が紹介されている。そこから死刑囚の一日をうかがい知ることができるので引用させてもらう。

「ぼく自身のことですが、起床チャイムが鳴る前に起きだして本を読んでいます。そして、チャイムが鳴ったら急いで掃除をし、点検、朝食が済んだら、外国語（英語、朝鮮、韓国語）の勉強をはじめます。戸外運動のある日は運動から戻ってきてからになりますが、午前中は外国語です。途中、一〇時前に室内体操のテープが流れるので（午後にも一度あります）、ストレッチ、腕立伏せ、腹筋などの運動をし、冷水摩擦もします。そして昼食前に、畳をぞうきんで拭くなどていねいな掃除をします。自殺防止房で空気の流通が悪く、埃っぽいこと、また、梅雨期から秋までの間、湿気で畳に白カビがはえるからです。

午後は中で購読している朝日新聞や、差し入れてもらったパンフレット類、また訴訟記録（含む民訴）や本を読みます。三時まえにヨガなどの運動をやり、その後、下着類の洗濯をします。面会の呼出しがあれば三〇分ほど出掛けることになります（これは午前中の場合もあります）。

夜は日課としているカード書きをし（最近は封書のこともありますが）、必要があれば弁護人や裁判所にも書き、三〇分間ほど語学の勉強をし、腰痛防止のためなどの体操をします。そして、減燈後は横になって本を読み、一一時ごろまでには眠ります。

集中的に裁判用の書類を作成しなくてはならないか、体調を崩した時を除いて、ほぼ三六五日こんなような生活を送っています。

では、野鳥や猫はいつ見ているのかと問われるかもしれませんね。毎食後、食器を洗い、そして歯を磨く（歯磨粉をつけずにブラッシングするだけですが）間に、また、午後活字を追うのに飽きると外を眺めています。

それから夜、録音されたものですが、NHKのニュースとニュース解説を二五分ほどきいています（ラジオは平日午前三〇分＝これは録音テープ）、午後三〇分、夜五時〜九時、休日は午前二時間、午後三時間、夜は五時〜九時の間流れています。

ニュースと大相撲、のど自慢それから、月曜〜水曜の夜にNHKのクラシック以外はほぼ民放。クラシックやBGM風のものは聴くことがありますが、たいていは隣房からの音を聴くとはなしに聴くというところです。

こんなところかな。

これから『孫子』を読みながら寝ることにします。それではまた」

死刑囚は、特に希望すれば、「請願作業」といって簡単な仕事――たとえば袋貼りのような作業を自分の房ですることもできる。これには、懲役作業とおなじように「作業賞与金」も出る。

「小松川女高生殺し」で死刑囚となった在日朝鮮人・李珍宇も仙台の拘置所で処刑されるまで、この請願作業を行ない、もらったわずかの賞与金を極端に貧しかった東京の両親のもとへせっせと送金していた。

死刑囚と外部との接触が生んだ、死刑台からの奇跡的な生還

死刑囚の処遇のなかで、もっとも問題となるのが、外部との接触の制限という点だ。かつては、刑罰としての拘禁や制限をしないという原則が貫かれ、ほかの確定囚よりもゆるやかに処遇されていた時代もあった。

一九四八（昭和二十三）年の暮、熊本県人吉市で祈禱師の夫婦が自宅で殺され、その場にいた二人の娘も重傷を負うという事件が起こった。翌年一月、当時二十三歳の免田栄容疑者が、別の玄米一俵を盗んだ容疑で逮捕され、厳しい寒さのなかで連日一睡もさせないという取調べの結果、祈禱師殺しを自白した。

一審の熊本地裁の公判で自白を撤回し、無実を主張したが、死刑の判決。上訴の結果も一九五一（昭和二十六）年十二月二十五日に最高裁で棄却され、死刑が確定した。

以来、一九七九（昭和五十四）年九月、六度めの再審請求が認められるまで三〇年近くのあいだ、死刑の恐怖にさらされながら拘置所生活を送った。再審の末、ようやくアリバイが認められ、死刑囚として初めて、三五年めに奇跡的に死刑台から生還した。

この免田栄死刑囚が再審理由についてどうしたらいいか途方にくれていたときに、ひとつの光明を見出したのは、ある日の面会でのことだったという。

房内にいる彼に突然の呼び出しがあって、面会人が来ているという知らせがあった。面会にくる人のあてもなく、半信半疑で面会室に入り、その人の顔を見ると、五十歳くらいのまったく知らない人物だった。

「免田君だね。私は熊本の潮谷先生（支援者）の依頼で証人探しに小倉に行ってきた。幸い、会うことができて、その人の証言をもらってきた。証言を書いた書類を差し入れておいたから、がんばれよ」

そういって、その牧師だという人物は帰っていった。現在は認められていないが、当時は死刑確定後でも、見ず知らずの人物とこうして接見（面会）や交信ができたのだ。

このときに牧師のいった証人というのが、事件当夜である一九四八（昭和二十三）年十二月二十九日の免田青年のアリバイを証明してくれる女性のことであった。この女性はその夜、彼の相手をした娼婦であったが、その隠したい過去をさらしてまで彼のために証言し、その証言やそのときの宿の入金の帳簿などが再審段階で大きな役割をはたし、無罪判決を導き出したのであった。

連続強姦殺人の代名詞のようにいわれる大久保清。彼が自分の家族の境遇や犯行の動機、独自のアナーキズムについて世間に詳しい表明ができたのも、ゆるやかな処遇のゆえだった。

獄中の大久保は、アナーキストとして知られる大島英三郎と知り合って、『訣別の章』という獄中手記を出版することができた。

そのなかで大久保は、合意のうえで性交したはずの女性が警察で被害を訴えたために、無実の罪で三十歳代の男盛りの三年あまりを牢獄で禁欲を強制され、釈放後、社会にも人生にも絶望して自由性交に狂奔したのだといっている。

「女性の嘘で罪人になった私です。その嘘を真実と聞き、私の言を出鱈目《でたらめ》として黙殺した警察や検察庁に対し裁判所もその黙殺を甘受し、私の言は抹消されたのでした」

「私の現時点の恐しい考え方は、全く一方的に嘘をつく女性と一方的な片手落ちの裁きしかしない官憲と、言いつくせぬ兄（S）のエゴイズムから来ているのです」（『訣別の章』）

「ひかれ者の小唄」と見られるだろうが、それにしても、まだゆるやかな処遇の時代であった。

ある時期から死刑囚の処遇が大幅に制限されたのは、なぜ？

一九八七（昭和六十二）年七月、死刑確定後三カ月めの益永利明、大道寺将司の外部交通の処遇をみてみよう。

- 交通権――旧来（逮捕時）の家族にしか認めない。配偶者・養子縁組した兄弟姉妹は一切認めず。
- 発信――交通が許可されている家族に、一日一通、便箋七枚以内。弁護人にも七枚。ただし下書きをし、何度も書き直しさせられる。
- 受信――交通が許可されている家族と弁護人のみ。それ以外の人から信書が届いても渡されず、また届いた旨の告知もない。
- 差入――交通が許可されている家族からのみ。郵送されてきたものは、一回限り返送され、以後無断で処分するとの通知がある。
- 宅下――交通が許可されている家族にのみ。

このほか獄中での本人の権利救済のために官公署へ不服の申し立てを行なう場合、たとえば、施設の処遇についての不服から行政訴訟を起こす場合など例外的に必要だと判断される場合は、それぞれ個別に発信受信を許可するということになっている。

親族以外の者にあてた手紙を出す場合には、検閲の便宜のために、あらかじめ下書きを提出し、それが認められたのちには清書するために書き直しが命じられていたが、東京拘置所では、一九九二（平成四）年以来、下書きは提出しなくともいいことになった。

東京拘置所にいる益永死刑囚は、さらに処遇の改善を求めて、子供の面会、差入れ、家族の写真の閲読不許可や教誨師にあてた信仰に関する手紙が不許可とされた件などについて、訴訟を提起している。

こうした外部交通の制限は、一九六三年三月十五日に出された法務省矯正局長の、「死刑確定者の接見及び信書の発受について」という通達に基づいている。

それによると、死刑確定者は未決囚に準じるとはいっても被告人とは性格を異にするものだから、拘置する目的に応じて個別に制限してもよいとしている。

この通達が出る以前には、接見（面会）についても、つぎに紹介する大阪拘置所の内規のように、現在とは格段の相異がある処遇が行なわれていた。

「その都度、最後の面会になるかもしれないという、本人の心情を察して、家庭的雰囲気の下に、和やかな環境で、接見させるために、特別面会室に於てこれを行う。死刑確定者に対する特別接見室の面会に於ては、願出のあった場合、特に指定した食物に限り、その席に於て、面会者とともに、喫食させることができる」(「死刑囚並びに同未確定囚に対する処遇内規」)

しかし、一九六三年の矯正局長通達によって、処遇は大幅に制限されるようになった。通達は――

①本人の身柄の確保を阻害する場合、社会一般に不安の念を抱かせる場合
②本人の心情の安定を害するおそれのある場合
③施設の管理運営上支障を生ずる場合

こういった場合には大体、接見や手紙の発受の許可は与えないことが相当であるとしていて、それぞれの判断は、拘置所長の自由な裁量にまかされている。つまり、所長の判断ひとつで、外部との交通が遮断されたり許可されたりするようになったのだ。
そして、二〇一三年十二月にこの通達が廃止され、新たな矯正局長通達で制限の細則が施行されている。

死刑囚と外部との交信を極端に制限する真の理由は？

こういう通達が出されることになったきっかけのひとつは、一九五八（昭和三十三）年のいわゆる「平峯判決」といわれる大阪地裁の判決だったといわれる。

これは死刑囚の基本的人権についての判断で、施設が手紙の発信を不許可にしたり一部抹消したりすること、書籍の一部閲覧禁止（ページを切り抜いたり墨で塗りつぶしたりする）、新聞の直接購読の禁止などには法律による根拠が必要であって、違法な処分に対しては司法で救済することができる、として死刑囚の人権を尊重した画期的な判決であった。

この判決は、当時大阪拘置所に収監されていた孫斗八死刑囚が所長を相手どって提起した行政訴訟に対して下されたものだった。孫の訴えの内容は、拘置所での教誨師による宗教活動は信教の自由に反するからやめてほしい、ニュース番組をもっと聴かせよ、寝るときは頭の位置を自由にさせろなど、最終的には一三〇項目を超え、基本的人権を侵《おか》す違憲なものだとして監獄規制のほとんどを非難攻撃の対象にとりあげていた。

死刑判決確定後、カリフォルニアのサン・クエンティン刑務所で一〇年以上にわたって獄中訴訟をつづけた死刑囚キャロル・チェスマン（参照『死刑囚』C・T・ダフィ）になぞらえて、〝日本のチェスマン〟とも〝獄中訴訟狂〟とも呼ばれる孫斗八の罪状は、洋服商夫婦を金槌で殴り殺し、現金一万円と貯金通帳、時価（昭和二十六年当時）八万円相当の衣類三二点を奪って逃げた強盗殺人罪だった。行きずりの客でひもじそうに見えた孫に、ぜんざいを振舞い、呑み屋で酒までご馳走してくれた洋服商の気のいい主人に対して、居直って犯した事件で、犯情は悪かった。

裁判中でも〝無実〟を訴えるばかりで、拘置所の処遇が我慢ならないと、不満をいいたてるのに明け暮れていた。

「『もう少し暖かくしてくれたら事件は起こらなかった』というのがその時の孫の言分だったが、他人に頭を下げたり自己の非を認め詫びることのない性格は、幼少にして日本に渡り住んだ朝鮮人孫が、被差別のなかで培ってきたものともいえた」（『戦後死刑囚列伝』村野薫）

孫の起こした「文書図画閲読等禁止処分に対する不服事件」の訴訟は、検事が「現職の拘置所長を刑法で罰するのは無理。行政訴訟に持ちこんだらどうですか」と知恵を授けられたのがきっかけだという。

一方、自分の強盗殺人被告事件のほうは、詐欺容疑で指名手配中にひき起したものでもあり、情実はきわめて悪く、一審で死刑の判決、大阪高裁でも控訴棄却、一九五五（昭和三十）年十二月十九日に最高裁で上告が棄却されて、死刑が確定した。

その三年後に「平峯判決」が出て、死刑確定者の受ける制限は「必要最少限度の合理的制限でなければならない」と孫の勝訴を言い渡したのだ。

これに勢いを得た孫は、つぎつぎに訴訟を起こして、「絞首刑は違憲」訴訟まで提出して、ついには自分の処刑される刑場の現場検証まですることになるが、それは後述（228ページ）する。

その平峯判決がひとつのきっかけになって、拘置所長の「自由裁量」を認める矯正局長の通達が出ることになったわけだが、そこにいわれている外部との交通の自由制限の基準は、「心情の安定」「社会一般に不安を抱かせるおそれ」「施設の管理運営上の支障」と、どれも抽象的で主観的だ。現在は通達の趣旨を拡大し、不許可を原則にして運用をより厳しくする方向に傾いているといわれている。

免田栄死刑囚が外部との交信をもとにアリバイを立証し、再審無罪にこぎつけたのにづいて、「財田川事件」の谷口繁義死刑囚（一九八四・三）、「松山事件」の斉藤幸夫死刑囚（一九八四・七）、「島田事件」の赤堀政夫死刑囚（一九八九・一）が、いずれも再審請求を認められ、やり直しの裁判で無罪の判決を獲得して、危うく死刑台から生還した。

矯正局長通達の運用を実際に厳格にさせたのは、この四件もの死刑囚再審無罪事件だとする見方（『いま、なぜ死刑廃止か』菊田幸一）もあるが、外部との交通制限が厳格に運用されるようになってからの最近の裁判例は、どれも、通達を適法とし、拘置所長の裁量を認め、個別の処分を合法として、死刑囚の訴えをしりぞけているのだ。

再審請求中の死刑囚と養女との交通も断つ拘置所長

福岡拘置所に、金川一《かねかわはじめ》という今年六十八歳になる死刑囚が収監されている。

この金川死刑囚も再審をめざしている。三九年前、熊本の牧草畑で農家の若い主婦を強姦しようとして抵抗され、刃物でメッタ突きにして殺害したとして、一審で無期懲役、二審で死刑の判決、一九九〇年に最高裁がそれを維持して確定した死刑囚である。彼は一審の途中から冤罪を主張、自白以外には客観的な物証もなく、凶器もみつかっていないという事件だ。

彼はまことに恵まれない環境に育った。鹿児島県に生まれ、山奥や川原を流浪しながら竹細工や狩猟を生業として自然人のままの生活を送る人の手で育てられ、養父が罪を犯して服役することになった九歳のとき、養護施設に送られて生活することになった。彼自身の手記によれば――。

「冬はとっても寒い所で外もシモバシラも高くなります。正月には学園の園長先生といっしょにモチつきをしました。モチはアンコのモチ、きなこモチ、やきモチ、ぞうに、同じ年ごろには学園内で学芸会をするのです。こんな事をする事で自分も好きではなかったのですが、これもみんなするのでしかたなかったです」

特別な環境のなかばかりで育った彼は、町に憧れ、施設をとび出す。熊本から別府に行って一カ月ほど働くが、施設に連れ戻される。そして十九歳のときに殺人事件を起こして、一〇年という長い刑をつとめることになった。

一九七九（昭和五十四）年六月、長崎刑務所を満期出所して、わずか三カ月後に今度は主婦殺しの犯人としてつかまり、死刑を宣告されたのである。本人の弁明はこうだ。

「私が警察に連こうされて刑事さんの取り調べになるのですが、この刑事さんも調べで同じ事をなんどもくどく調べられますので、私も同じ事ばかり調べられるのでいやで事件のことを口に出したわけです。私がその現場に行くまでいろんな道をとってきたと思います。そうしてあるいているあいだに電車のふみきりに出たわけです。そうして私は電車のふみきりに立っていると畑の道のちかくに自転車がおいてあるのがみえましたので私はその自転車をとろうと思いその現場にいったのです。畑のそばをみわたすとふと私の目に畑の中でなにかうごめくような物がみえたので私はその所にいくと女性の人が血まみれになってたおれているのがありました。私もその人をたすけようと思い、私はその人の左かたをゆさぶったのです。私も人がこないかと思っていても、だれも人もこないため、その現場を後にすることになるのですが、私も思いました。その時に女性の人のこしに竹かごがまいてあったのでもし私が人をよんで人がこられた時にその竹かごがジャマになるとこまるので私は自分のはでその竹かごのひもをかみきったわけです。そういう事も合《ママ》って私が事件をやっていると刑事さんも思っているようです。

それと大事なことは刃物の事と思います。私がさいしょにもっていた刃物は、私がその現場にいく前にちりやき場でひろったサビついた刃物です。それも現場にすてていますが、その刃物が事件につかわれているかどうかを鑑定してくれといっておりました。二日ほどしてこの鑑定のけっかがきていました。この刃物は鑑定のけっか事件につかわれていない事がわかっているのですが、刑事さんの話によれば私が別の刃物をつかって事件をおこしているようだと、調べもこの刃物の事ばかりで、私もこの刃物の事は別にあるといって刑事さんをからかって、いつも刑事さんが同じ事をいつもやかましくいってくるので、次々と別の刃物だといって刑事さんをからかっています。そうするしかなく別の刃物ですらもっておりません」

三二年前、三十六歳のときに金川が書いた文章だが、この内容を真実ありのままと見るかどうか、人によってさまざまな読みかたをするだろう。

いずれに解読するにしても、彼が六十八歳の今日まで、特別の環境に育ち、三九年間獄中にあって一般の外界の知識がごく普通に獲得できていないことは、この稚拙な手記の文面からみても容易に察しがつく。無実を訴える彼に、ともかく外界の援助が必要なことは確かだろう。

彼には、死刑確定の前に養子縁組をした支援者がいる。その養女の真美さんは、金川が再審請求をすすめるために大事な援助者であると同時に、実母も亡くした天涯孤独の彼のたったひとりの親族である。

ところが、福岡拘置所は「所長の裁量権の範囲内である」として、真美さんとの交通を不許可としている。ようやく面会ができたのは二六年もたった二〇一六年二月のことだ。

さらに、再審請求のために古川祐士弁護士が請求の資料として郵送した個人交流誌「七夕通信」（第五号）を不許可とした。

国際的な人権監視団体が日本の監獄行政に勧告

このような通達の運用、制限は、明らかに再審や恩赦請求の準備を制約する結果になっていて、国際的な人権規約から照らしてみても、大きくその基準を逸脱しているのは問題である。

国際的な人権監視団体であるヒューマン・ライツ・ウォッチは、一九九五年、日本の監獄行政全般にわたって勧告を出した。

そのなかには、手紙の検閲や数の制限の撤廃、身体の接触のできる面会や立ち会い、職員が聞いていないような面会、週末・休日の面会、新聞・放送を自由に読み聞きできるようにすることなど、数多くの勧告がなされたが、現状は、まだ改善されているとはいえない。

「連続企業爆破事件」の益永利明死刑囚は、一九九八年六月、獄中生活について、「私がいま、ここにいるのは、誰のせいでもなく、私自身のせいです。はっきりとは説明できないのですが、私は苦しむことを通して何かを学ぶためにここにいるのだという感じがしてならないのです。〝俺は本当はこんなところにいるはずではなかった〟というのではなく、〝見えない力に導かれて、俺はいるべくしてここにいる〟という感じですね。ですから、どんなに苦しくても、私はここから逃げ出そうとは思わないのです」と記している。そういったうえで、処遇の改善を求めて、拘置所にいる未決囚に対して、少なくとも手紙を出す自由があるのだから、と訴えている――

「新聞社などのメディアや国会議員等にもっと生の声をぶつけて、処遇や非人間性を訴えるべきですよ。私は、他に手段がないためやむを得ず訴訟をやっていますが、獄中者の権利を守るためには、世論の喚起が何よりも必要であることを痛感しています。個人的な支援等を求める場合とは異なり、在監者全体の苦しみを訴える手紙の場合は比較的理解を得られやすいのですから、未決の人たちは気後れせずにどんどん手紙を出すべきだと思いますね」

死刑か無期かに揺れる被告たち

酷似した二つの誘拐殺人事件で一方は死刑、一方は無期

ここに、似たような二つの殺人事件がある。

ひとつの事件は、一九八〇（昭和五十五）年に山梨県で起きた身代金目的の誘拐殺人事件。

電気工事業を営んでいた犯人のXは、経営に失敗して借金がつもりにつもっていた。見

栄張りな性格から友人や妻にすら相談せずに、ひとり思い悩んでいた。

七月三十日に金策のために自宅を出たものの具体的に奔走するわけでもなく、無為にすごすうちに三日がすぎてしまった。

そのうちに、幼児を誘拐することを思いつき、山梨県八代郡一宮町の広場で遊んでいた当時五歳の男の子を誘拐して、身代金を要求する電話を家族のもとへかけた。

その後二日間連れまわっていたが、その子が突然泣きだしたために、発見されるのをおそれて殺害し、死体を裸にして埋めて隠した。

その前後、身代金を要求する電話をかけつづけ、その数は三一回にものぼった。犯人は当時三十七歳である。

もうひとつ、よく似た身代金目的の幼児誘拐殺人事件が、一九六三（昭和三十八）年、東京で起きている。「吉展《よしのぶ》ちゃん事件」としてよく知られた事件だ。

時計職人だった犯人の小原保は、当時三十歳。知人に時計を持ち逃げされたり、仕入れた時計の代金支払いに窮したり、呑み屋に負債ができるなどして借金がかさみ、警察に訴えかねないほど強硬に返済を迫られて、せっぱつまったところに追いこまれていた。

三月二十七日、金策のために郷里の福島県石川町に帰ったが、借金のあてもなく、やむ

小原保はこの墓地で吉展ちゃんの命を奪ってしまった

なく野宿してすごすうちに無為に四日がすぎてしまう。

上野駅に戻る車中で、幼児を誘拐して身代金をとる映画があったことを思い出し、通りかかった台東区の入谷南公園で遊んでいた当時五歳の村越吉展ちゃんを誘拐した。

身代金を入手するまでは吉展ちゃんを手放すわけにはいかないが、さりとて人目につきやすく、また家族のもとに返せば自分が片足に障害をもっているところからすぐに犯人であることが発覚する危険もあり、逡巡しながら円通寺裏の墓地まで来たところで、寺の住職とすれ違った。自分たちの姿を見られたと思った小原は（実際には住職は憶えていなかったのだが）、墓石に腰かけながら泣きだしそうになった吉展ちゃんを抱きあげてなだめていたが、ほどなく眠ったのを見て、この機にと、ついに決意。首を絞めて殺し、傍にあった墓の下の石室にそのまま死体を隠した。

二日後、吉展ちゃんの失踪を報じた新聞で親元の氏名と住所を知り、上野駅にあった案内図で村越家の場所を確認、その後八回にわたって身代金を要求する電話をかけ、指定した置場所から現金五〇万円を奪い取った。

この二つの事件は、ともに第一審の判決文から要約して並べてみたのだが、動機も犯行の手段・方法もよく似ている。

しかし、裁判の結果は大きく異なり、山梨の誘拐事件は「無期懲役」になり、吉展ちゃん事件のほうは「死刑」で確定した。

両者の違いは、殺害時期の違いで、その事実関係に対する裁判官の判断の違いが、判決の結果を変えることになったのだった。

最高裁が示した死刑判決の基準とは？

裁判官によって「死刑」と「無期懲役」の判断が分かれる。そういうことは同一の事件の場合でも起こるのだ。

その事件について、犯罪行為、客観的な事実つまり被害者の数とか殺害方法といった側面にウェイトをおいて判断する裁判官と、被告人側の事情、生い立ちや改悛の情といった面を中心に判断する裁判官とでは、判決が違ってくるといわれる。

死刑判決の動向を分析した「死刑判決の量刑基準の考察」（「自由と正義」第四二巻十号）という論文を見ると、死刑と無期懲役判決の判断は、実は裁判官の価値観しだいであることがよくわかる。

そもそも裁判官はどういう要素によって量刑を決めているのだろうか。

一九八三（昭和五十八）年七月、最高裁は、死刑の量刑基準を示した。

「連続ピストル殺人事件」として有名な永山則夫被告に対する無期懲役を破棄して差し戻した判決のなかでである。

「結局、死刑制度を存置する現行法制の下では、犯行の罪質、動機、態様ことに殺害の手段方法の執拗性・残虐性、結果の重大性ことに殺された被害者の数、遺族の被害感情、社会的影響、犯人の年令、前科、犯行後の情状を併せ考察したとき、その罪責が誠に重大であって、罪刑の均衡の見地からも一般予防の見地からも極刑がやむを得ないと認められる場合には、死刑の選択も許されるものといわなければならない」（判例時報一〇九九号）

この基準が示されて以後、せきを切ったように死刑判決が続出した。裁判官が悩まなくなったといわれる。死刑の判決理由のなかで、被害者の数とか犯行の態様とか被害者感情など最高裁のあげた要素に必ず触れ、最高裁の判決を下敷きにしているとしか考えられないといわれる。

「数年前、退官したばかりの裁判長が言う。『昔から無造作に、中には張り切って死刑を言い渡す人がいた。それに最近の若い裁判官は割り切って判断をする人が多い。コンピューター的ワンパターン判断で〝これこれの条件があれば……〟とあっさり死刑にしたりする。二小の判決（先の最高裁第二小法廷の永山判決のこと）は、そういう裁判官に勇気、論拠、アプルーバル是認を与えた』」（『悩まなくなった裁判官』飯室勝彦）

この最高裁の基準に、前述の山梨の誘拐事件と吉展ちゃん事件をあてはめながら見てみよう。（最高裁判決以後の死刑判決の傾向については、「死刑判決の量刑基準の考察」を参照）

どんな犯罪行為が死刑判決を促すのか？

●罪種——死刑になる事件としては強盗殺人と単純殺人が中心的だが、身代金目的の誘拐が加わった場合は、同様の犯罪が繰り返されないようにという見地から、たいてい死刑となるといわれている。

●動機――性的な目的や人間関係のもつれといった事件よりも、山梨の誘拐事件と吉展ちゃん事件のような財産目的の場合のほうが死刑になることが多い。

●殺害方法――死刑になったケースでは銃殺が多く、刺殺がそれに次ぐ。山梨事件ではシャツと手で絞め、吉展ちゃんはベルトと手で絞殺されている。判決は、山梨事件では「残忍無慈悲」といい、小原に対しては「犯行の動機、態様はきわめて悪質であり、酌むべき事情はない」といっている。

この殺害方法に対する裁判官の見方の違いによって、判決の結果が死刑と無期懲役と大きく分かれたケースもある。

一九八〇（昭和五十五）年の島根県松江市。当時三十三歳の男性Xは、愛人の独身女性Yと金銭の苦労なしに関係をつづけるために、また遊興費ほしさに保険金目的の殺人を計画した。

ちょうどYに見合い話が持ちこまれたところから、その相手の二十八歳の甲と偽装結婚し内緒で生命保険契約に加入し、新婚旅行直後に、交通事故を装って殺害しようと図ったのだ。

XとYの二人は、たびたび謀議して、人目につきにくい場所を選び、犯行の痕跡の残らないように腕でゆっくり首を絞めあげる、Yは甲の反抗を抑えるために陰部を強打する、などを決めた。

そして新婚旅行後の四月の夜、甲の運転する乗用車の後部座席に隠れていたXが甲の首に腕を巻きつけて絞めあげ、助手席のYも加勢して仮死状態に陥らせた。さらにそのうえに、灯油をまき散らして火をつけ、約五・七メートルの崖下に転落させて甲を焼死させた。計画どおり生命保険金の一〇〇〇万円をだまし取り、二人は二年後に発覚するまで愛人関係をつづけ、六〇〇万円くらいを遊ぶ金に使っていた、という事件である。

第一審では、「完全犯罪をもくろんだ稀にみる計画的、巧妙、大胆な凶悪犯罪といわざるをえない」といって死刑の判決を下した。

ところが第二審になると、裁判官は殺害行為について、つぎのように判断した。「天人ともに許すべからざるもの」だが、XYは甲が「その場で窒息死したものと思いこみ」交通事故に見せかけるために転落炎上させたものであって、「凶器を使用したり、いわばなぶり殺すようにしてその生命を絶つなどという殺人の犯行形態と比較すると、なおそこに一片の差異があるといいうるし、さらに、被害者が複数にいたらなかった点もまったく考慮の外に置くことは相当でないと思われる」

そして、Xの家族が被害者の霊前に一三〇万円を供え、本人も毎日被害者の冥福を祈って陰膳を据え、朝晩読経や写経をつづけて人間としての心を取り戻しつつあることを認め、「多少なりとも情状酌量すべき事情が認められる本件においては、Xに対して死刑を科することに躊躇を覚えざるを得ず、この際死一等を減じて無期懲役刑に処する」と言い渡した。

犯行の態様や改悛の情が斟酌されただけで一審とは大違いの結果が出たのである。
●被害者の数――複数の被害者を殺した場合は原則的に死刑といわれているが、実際には、ひとりの場合でも死刑の例もあるし、逆に複数でも無期懲役になる事例も少なくない（一九八五年十二月二十四日、広島高裁判決の妻子四名殺しなど）。
●被害者感情――山梨誘拐事件の判決では、「愛児を誘拐され十数日の間堪え難い日々を過ごし、その挙げ句、同児が殺害されていたことを知った両親はじめ肉親たちの悲嘆と憤怒の情は想像を絶するものがあろう」と判示しており、吉展ちゃん事件のほうでも、「被告人の自白により吉展の死体が発見されるまで二年余の長きにわたり同児の生死すら判明せず、その間堪えがたい憂慮と心痛の日を過し、ついに空しくも誘拐当日にすでに殺害されていたことを知った両親、更には家族の悲嘆と怒りはとうていはかりしれないものがあるとおもわれる」といっている。殺人事件で、被害者感情の柔らぐことはまずめったになく、ほとんど死刑に該当するといえる。

●計画性――山梨事件では認めていない。ただ、誘拐当初から殺意はなかったが、身代金目的の幼児の誘拐事件は性質上殺害に発展する危険性がきわめて大きいものだから、「本件殺人を通常の偶発的、衝動的犯行と同一視することはできない」という。

吉展ちゃん事件の小原は、「偶発的所犯として酌量すべき事由はない」

●社会的影響――ふたつの事件とも、模倣性のあることを重大視している。

死刑と無期を分ける被告人側の事情とは?

●年齢――最高裁二小判決以後八年間の死刑の事例では、二十代がもっとも多く、六十代以上はない。

●性別――ほとんどすべて男性で、女性は二件あるが、いずれも男性の共犯者がいた。

●生育歴――恵まれない生育歴と劣悪な環境を重視して、死刑判決を破棄して無期懲役を言い渡したケースもいくつかあるが、生育歴だけでは、死刑・無期を分ける基準にするには不十分のようだ。山梨の犯人も小原も、ともに恵まれない環境での生育を認められている。

●精神鑑定――異常がなかったかどうか、死刑を言い渡す場合には必ず精神鑑定をすべきだという意見があるが、現実には、鑑定の結果、精神障害あるいは異常性格が認められても死刑を言い渡された例は多い。

●前科前歴――罰金を超えるような前科はなかったものの死刑を言い渡された例も多い。

●矯正可能性の有無――人格の改善の可能性ありと認められても、なお死刑にした判決もある。

●改悛の情の有無――「深く反省改悟し被害児の菩提を弔っている」(山梨誘拐事件)。

「本件を自白して以来深く反省懺悔していることは当裁判所もこれを認めるに吝でない。そしてそれは人倫への最後の希望であり救いであるといえる。しかし法は厳正である。被告人は少くとも吉展の殺害だけは思いとどまることができたはずであり、またそうすべきであった。これをあえてしなかった本件において、被告人に改悛の情が顕著であることをもって罪責を軽減する理由とすることはできない」(吉展ちゃん事件の判決)

犯行事実を否認したり無実の主張をしたりしていると、改悛の情なしとみなされて死刑の判決を受ける場合がある。この場合に問題なのは前述(169・177ページ)の免田事件、財田川・松山・島田事件のようなケースがあることだ。いずれも否認をつづけ無実を主張していたものだが、再審の段階でその無実が立証されて死刑から解放された。こういった誤判の可能性があることを考えると、無実の主張を「改悛の情なし」とか「矯正の可能性がない」と扱って死刑を適用するのは、相当に問題がある。

また、小松川女高生殺しの李珍宇や金川一(178ページ)のように極端にひどい環境で生育した場合、自分の心情を的確に表現する術を獲得していないことが多い。それでも李珍宇には文章の表現力が備わっていたが、金川の表現は、前に引用した手記でもわかるとおり、かなりたどたどしい。

弁護人が被告本人の改悛の情を代弁するにも限度がある。さらに、天涯孤独の金川のように、被告に代わって被害者の墓参りをしたり香典を届けるなど慰謝の気持ちを表わしてくれる人間が誰もいない場合などは、改悛の情を形に表わすことが困難だし、それがなければ被害者感情がやわらぐこともないだろう。

連続企業爆破事件の大道寺将司がいったように、「学問があり弁が立つ被告は謝罪を口にできるから、情状の違いは、被告の社会的、経済的な地位の高低に対する差別から発している」といえるかもしれない。

オウム真理教の林郁夫被告の改悛の情が、被害者、とりわけ死亡者の遺族によく伝わり、憎悪の念を弱めたことが検察側に無期求刑をさせた理由のひとつだとも見られている（死刑は慣例上、死刑の求刑のあった場合にのみ判断される）。

生死を分ける重要なポイントは「計画性の有無」

こういった、いろいろの量刑の事情が勘案された結果、ふたつの事件のうち、山梨誘拐事件のほうは無期懲役、吉展ちゃん事件のほうは死刑と決まったのだ。

それぞれの基準要素でよく似た事件の「結果」を大きく左右したのは、計画性の有無の点だった。山梨誘拐事件に対して、第一審で死刑の判決だったものが、二審で無期懲役に逆転したのも、この「計画性」の欠如についての評価だった。

二審判決は、犯行があらかじめ綿密周到に計画されたものでないことを重視しており、身代金要求を開始したあとも二日間なんら危害を与えることなく連れ歩いていたことを認めて、「十分な準備をととのえた上、捜査機関の追及を巧妙にふり切って着々と実行したというような事案、あるいは誘拐に成功するや直ちに被誘拐者を殺害し、足手まといをなくした上でその生存を装い身代金を要求するというような事案とは差異がある」と判断、死刑を無期懲役に判断したのであった。

山梨の例のように、認定した犯罪の事実関係はほぼ同一なのに、審理にあたる裁判官の倫理観や見方しだいで死刑になったり無期になったりする事例は、かなりの数にのぼるのである。

死刑↓無期↓死刑と大逆転した「永山則夫事件」

最高裁に死刑の量刑基準を示させることになった「永山則夫事件」の裁判の経緯は、もっとひどい。

当時十九歳の少年・永山則夫がアメリカ軍の横須賀基地で盗んだピストルを使って、半年間に東京、京都、名古屋、札幌で警備員ら四人をつぎつぎに殺した事件で、第一審は死刑の判決を下した。

ところが、第一次控訴審では逆転して無期懲役の判決、最高裁ではまたまたひっくり返って、死刑に変更されたのだ。

第二審が無期懲役をとったのは、永山が不遇な家庭に生まれ、五歳のときに貧困から三人の兄姉とともに両親に棄てられ、港に落ちている魚を拾って食べるというような極貧生活や、世間の偏見との衝突、繰り返される家出といった悲惨な生育歴の持ち主で、実質的には十八歳未満の少年とおなじ程度の精神的成熟度しかなかったことや、環境の変化（獄中結婚）、遺族への慰謝などの事実を併せて考慮した結果だという。

このときの船田三雄裁判長は、のちにつぎのように回想している。船田裁判官は若いころに自分が体験した二つの事件で、正義に反するといわざるをえないような判決を見たという。第一審では二つの事件はいずれも死刑の判決だったものが、控訴して第二審の段階では、「両者を比較してみると、より軽い」といっていい犯罪のほうが死刑になり、重いと見られた事案のほうが無期懲役という結果に終わったという。不公正という過去の思いがあって、永山則夫事件を担当した。

そのため、判決のなかで「如何なる裁判所がその衝にあたっても（受けもっても）死刑を選択したであろう程度の情状がある場合に限定せらるべき」、つまり裁判官の誰が見ても死刑を選ぶだろうというときのみに限って死刑は選択されるべきだという考え方を述べているのだという。

しかし、検察側が無期判決を不服として上告した結果、被告の環境的負因を重視することはできないと破棄差し戻しになり、その後は、「罪質、態様、事案の重大性に鑑み死刑は重すぎるとは言えない」として再び死刑が言い渡され、最高裁もそれを支持、死刑が確定して、二一年にも及んだ係争にようやく結着がついたのだった。

こうして見てくると、死刑と無期懲役の境界線はきわめてあいまいであることがわかる。繰り返しになるが、同一の事件でも裁判官によって判断のくい違うことが往々にして起こっている。

被害者の生命は絶対的に戻らぬものであり、また死刑の執行が個人の生命を奪う絶対的なものであるにもかかわらず、死刑判断の基準がきわめて主観的で、相対的なものでしかないというのは、誰しも非常に不公正だという思いを抱かざるをえないにちがいない。

死を待ちつづける死刑囚たちの心の内側

死刑判決前後の「吉展ちゃん事件」小原保被告の手紙

さて、不明確な判断基準のもとで死刑の判決を下される本人たちは、いったいどんな気持ちでそれを受けとめているのだろうか。

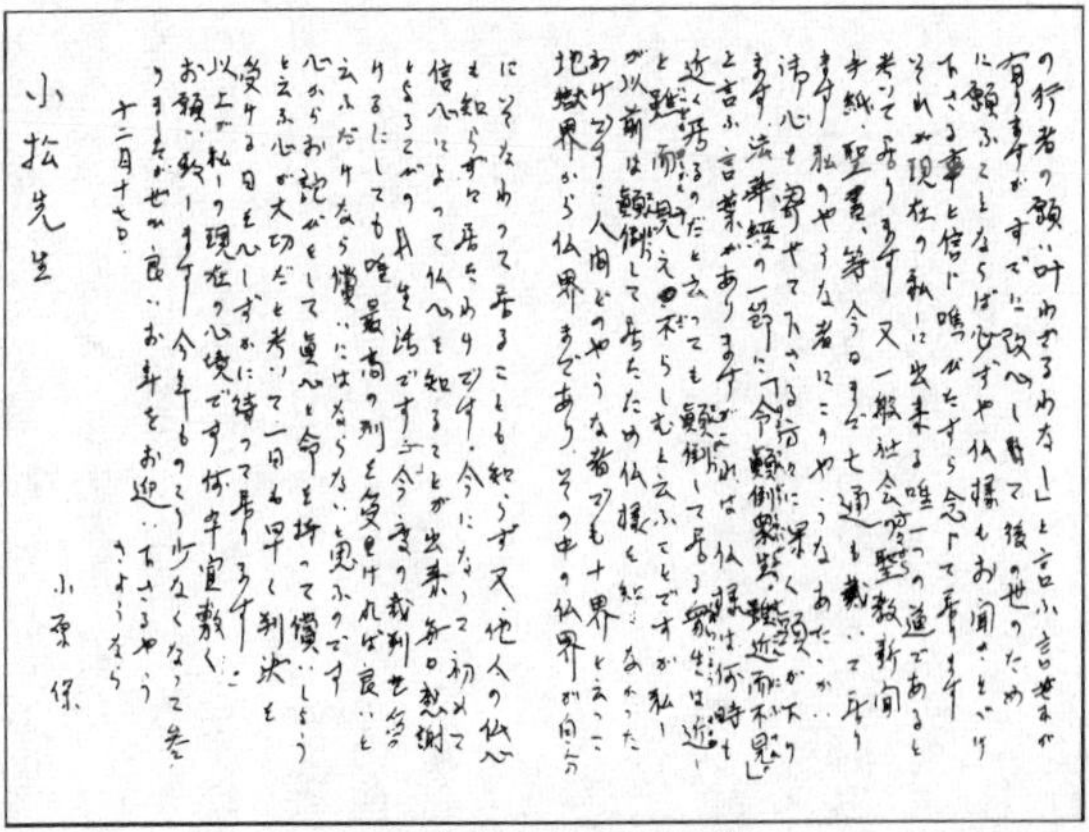

の行者の願い叶わざるはなし」と言ふ言葉が
有りますが、すでに改心し則て後の世のため
に願ふことならば必ずや仏様もお聞きとどけ
下さる事と信じ唯だひたすら念じて居ります
それが現在の私しに出来る唯一つの道であると
考へて居ります。又一般社会の基督教新聞
手紙、聖書、等今日まで七通も戴いて居り
ます。私のやうな者にこのやうなあたたかい
お心を寄せて下さる方々に深く頭が下り
ます。法華経の一節に「令顛倒衆生　雖近而不見」
と言ふ言葉がありますがこれは仏様は何時も近く
近く居るのだと云っても顛倒して居る衆生は近く
と雖も而かも見えぬと云ふことですが私し
が以前は顛倒して居たため仏様を知らなかった
わけなのです。人間どのやうな者でも十界と云って
地獄界から仏界まであり、その中の仏界が自分
にそなわって居ることも知らず又、他人の仏心
も知らずに居たのです。今になって初めて
信心によって仏心を知ることが出来毎日感謝
とするこの日を送ってます。今度の裁判も今度
りるにしても唯最高の刑を受ければ良いと
云ふだけなら償いにはならないと思ふのです
心からお詫びをして真心と命を持って償いしよう
と云ふ心が大切だと考えて一日も早く判決を
受ける日を心しずかに待って居ります。
以上が私しの現在の心境です。何卒宜敷く
お願い致します。今年ものこり少なくなって参
りましたが、良いお年をお迎い下さるやう
さようなら
十二月十七日
小原保
小松先生

小原保が担当弁護士にあてた手紙

さらに、死刑の宣告を受けたあとは、どんな思いで拘置所の小さな独房で毎日を送っているのだろうか。執行を待つ確定囚の声なき声を聞いてみよう。

まず、いよいよ第一審の判決が出るという前の被告人の心のなかを覗いてみよう。

吉展ちゃん事件を起こした小原保被告は、判決をひかえた一九六五（昭和四十）年の十二月十七日、担当の小松不二雄弁護士にあてて、つぎのような手紙を送っている――。

「其の後の心境ですが、一番気にしていた本人訊問も終り気持ちもすっかり落ち付いてどのやうな判決を受けようとも自分の犯した罪の償いのためには悦んで受けるだけの心の準備が出来、毎日心しずかに法華経に明け法華経に暮れ被害者の冥福を、今後絶対にこのや

うな事件の起きないやうにと祈り乍ら修養に励んでおります……人間どのやうな者でも十界と云って地獄界から仏界まであり、その中の仏界が自分にそなわって居ることも知らず又、他人の仏心も知らずに居たわけです。今になって初めて信心によって仏心を知ることが出来、毎日感謝とよろこびの生活です。今度の裁判を受けるにしても唯最高の刑を受ければ良いと云ふだけなら償いにはならないと思ふのです。心からお詫びをして真心と命を持っ（以）て償いしようと云ふ心が大切だと考い（え）て、一日も早く判決を受ける日を心しずかに待って居ります。以上が私しの現在の心境です。何卒宜敷くお願い致します。今年ものこり少なくなって参りましたが、ぜひ良いお年をお迎い（え）下さるやう、さようなら

小松先生　　　　　　　　　　小原保」

この文面でみる限り、確かに心静かな気持ちが読みとれる。

死刑に対する恐怖心はなかったのだろうか。死刑というものに対してもジタバタするところはなく、それも、最高の刑＝死刑を受ければいいというだけでなく、謝罪の真心と命で償わなければいけない、と十分の覚悟を示している。

吉展ちゃん事件の捜査指揮をとった武藤三男課長代理（当時）は、「あの事件は非常に珍しいケースだった。たいていの犯人は多少とも自分に有利になるように、自分しか知ら

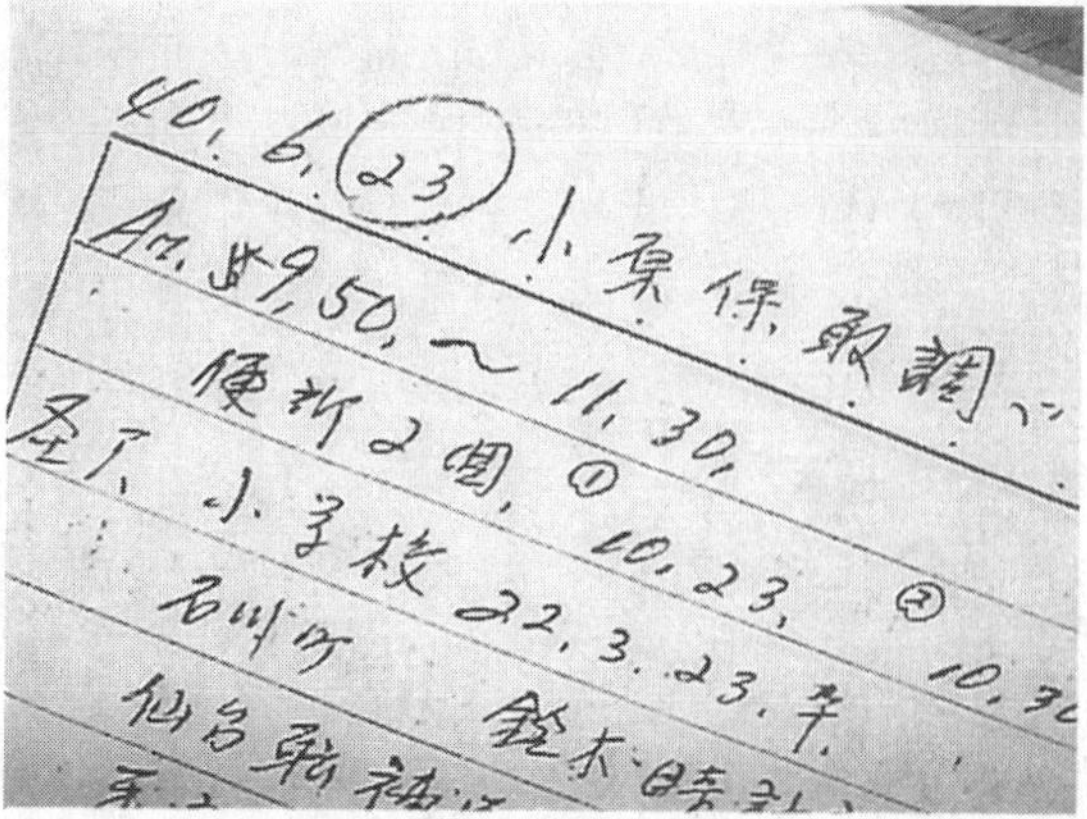

小原保を取調べた平塚八兵衛刑事のメモ

ないことを隠したり、つごうよく説明したりするものだが、小原はそういうことはいっさいしなかった」と語っている。

三度めの小原捜査でついに犯行の自供に追いこんだ〝オトシの八兵衛〟の異名をとる平塚八兵衛部長刑事（当時）も、

「ゲロするまでは本当にしぶとかった。三白眼の目をジーッとさせてノラリクラリ、苦しくなると猿の真似をしたり、メシにしようって言い出したり。あとで聞いたことだが、なんとしてもしゃべるまいと頑張っていたのは、犯人だとわかったあと、家の者が村でどんな目に合うか、それを思うと絶対に隠しとおさねばいかんと思ったというんだ。実際、後で村八分の目にあうんだけんどね。しかし、いったん落ちた（自供した）あとは実にいさぎよかったね。罪を少しでも軽くしようというところは微塵もなかったね。ようやく、やっとのことで、『(自分が持っていた)あの金は、吉展ちゃんのお母さんに関係のある金です』と吐くところまでたどりついた。そうしたら、あくる日は自分のほうから『何からお話したらいいでしょうか』ときり出した。『まず仏サン(吉展ちゃん)を出せ』といったんだが、その後の調べではダーッと一気に全部話した。裏とりの連中があたってみると、きちんと自供どおり。あれくらいきれいに片づくことはめったにないよ。裁判になっても何ひとつねじ曲げようとしなかったな。あんな家(極貧の家庭)に生れてなかったら、ひとかどの人物になっているやつだったよ」

関係者がこういっているところをみると、素直に死刑で罪を償おうとしていたのは間違いないと思える。

年が明けて、三月十七日に、いよいよ判決の言い渡し。大方の予想どおり「死刑」だった。

弁護側は、小原は新聞の報道で被害者が吉展ちゃんと知ったのであって、それで脅迫電話を思いついたくらいで、断じて計画性はないと反論して、すぐに控訴した。

小原は初め、控訴を納得しなかったという。

五月十三日に小松弁護士に宛てた手紙も淡々としている——。

「其の後兄も忙しいと見えて面会に来ませんが、若《も》し先生の方の御都合が悪いやうでしたら控訴を取り下げやうかとも考い（え）て居ります　判決後はすっかり心の整理も出来ましたので毎日を安らかに送っております。どうか先生も御身大切に御かつやく下さい　先《ま》ずは取り急ぎお知らせとお願いまで」

第二審の公判は三回のみ。翌年十月、最高裁も上告を棄却して、小原被告の死刑は確定した。

「無期」判決に執念を燃やす男の判決前後

死刑を予想される被告が、すべてこういう心境でいるわけではない。むしろ小原のような例は少ない。

加賀乙彦著『死刑囚の記録』には、裁判でなんとか刑を軽減しようと執念を燃やす男たちが出てくる。

一審で死刑判決を受けた、癲癇《てんかん》気質の持ち主の武藤連被告が、控訴審で死刑になるか無期になるかは、犯行時に心神耗弱の状態だったかどうか、それを推断する精神鑑定にかかっていた。

武藤被告は「持ち前の執拗さ」で、ある大学の出した鑑定について日夜考えこみ、拘置所の医師、医務部長、弁護士、教育課長など尋ねられそうな人には何度も質問し、当時医務部にいた加賀氏にも何度も面接を申しこみ、自分が全然覚えていないあいだにした犯行で死刑になるのは納得がいかないと質問を繰り返したという。

「判決前日には、さすがに落ち着きをなくし、常よりもさらに大声で誦経したり、しきりと報知機（看守を呼ぶ木札）をおろして担当を呼びつけたりしていた」

判決は、無期懲役だった。拘置所に戻った武藤は、

「紅潮した面持ちで、『死刑じゃないと知った瞬間、ぱっと気持が軽くなり、人間にかえれたという喜びが身内にあふれましたね』と語った」という。

死刑囚はなぜ、朝九時からの一時間を恐れるのか?

死刑が確定すると、朝九時からの一時間を恐れる毎日の生活が始まる。

明治五年の監獄則は「死刑ハ朝第十字（時）ニ之ヲ行フ」と定めており、改正監獄則でも「執行ハ午前十時ヲ過ルヲ得ス」と規定している。

いわゆる〝お迎え〟は、おおよそ午前九時から十時、朝食後から運動までの時間にある

というのが慣例になっている。

通常の巡視や掃除の時間がいつになく急いで行なわれたりすると、死刑囚の舎房はそれだけで一気に恐怖のるつぼとなり、全員が息をひそめて緊張した静寂に包まれるという。

小原保死刑囚の獄中で詠んだ短歌に、こういうものがある。

　この時間過ぎれば今日も生きらるる
　　祈りの如く聴く鐘の音よ
　今日来るか明日かと処刑待ついまを
　　弛まざるなり作業の手指

あるとき、任務について間もない新入りの刑務官が、この時間にようすをうかがいに死刑囚舎房の廊下を歩いた。

その看守の足音に、確定囚全員が息をのんで耳をこらしていたのにちがいない。何気なく立ちどまった部屋の死刑囚は、なかで腰を抜かし失禁していた。

数日後、その若い看守がくだんの死刑囚に呼ばれて行き、扉の視察孔から部屋を覗いてみると、いきなり目を突かれ、重傷を負うという事件もあったと、舎房の内掃夫をしていた人物に聞いたことがある。

死刑執行の恐怖は、夢にまで現われるという。

何度執行されてもそのたびに首のロープが切れたり、母親が現われたりして助かるといった夢が多いという。加賀乙彦氏の調べでは、死刑囚の夢は、確定前は家族や社会生活のこと、確定後は所内の生活についての夢が多くなり、犯罪の記憶については少ないという。

死刑囚のひとりは加賀氏にこう語っている――。

「死刑判決を受けた瞬間はよ、犯行のことが頭にあるだろう。判決をうける覚悟もして出ていくんだし、おまえの犯罪はこうだと判決理由でながながと言われりゃ、おれはひどいことをしたんだ、申し訳ないという気持になるんだよね。ところがさ、日時が経つにしたがって、自分というものと犯罪とが切り離されていくんだよ。つまり、犯行は遠い昔のことになってしまい、果たして自分がやったものなのかどうか、実感をともなってこなくなるんだね。そうすると、判決の結果だけ、自分が死刑囚であるという重っ苦しい現実だけがよ、自分にのしかかってくるだろう。自分はあれだけのことをやったんだから、こうなるのが当然なんだと、いくら考えても納得がいかなくなる。犯罪がぼんやりしているうえに、自分は殺されるためだけにオマンマ食って生かされているのか、不思議な感じがしてくるんだよ」

「怖いね。死ぬのは、殺されるのは、本当に怖いよ。おれは人を殺した経験があるから、人が死ぬのは、どんなに痛くて苦しいもんか知っているからね」

この死刑囚は、行きずりの男女を脅迫して金をとろうとしたが、女が逃げたので通報で付近の人がかけつけると思い、匕首《あいくち》をつきつけ急いで一〇〇〇円を奪った。その男性が自転車のハンドルに手をかけたのを抵抗すると思い、男の胸を刺したのだが、あとで被害者は病院で死亡した——そういう事件をひき起こしていた。一九五四（昭和二十九）年のことで、被害者はひとり、犯行の態様もきわめて残虐というようなものではないが、当時の量刑は厳しく三審とも、死刑だった。

彼は所内で、ふだん陽気でよく話し、よく動き、めったに被害者のことを語らず、犯罪への反省にも触れなかった。が、ある日、ふと口に出したという——。

「あのときは夜だし、雨が降っていて、まっくらだったから、被害者の顔は見えなかったんだ。刺したときのぜい、ぜいあえぐ声だけは耳に残ってるねえ。しかし、まさか死ぬとは思わなかった。おれのせいで、一人の人間の一生がめちゃめちゃになった。すまないと思うよ」

「まあ罰が当ったんだねえ。現在の時が、何か不思議でねえ。何か死人の世界みたいだねえ。ちょうど被害者と同じ、まあ、それと近い世界だねえ。本当の現実じゃなくて、夢のように過ぎてしまう」

　こうはいっていても、「たまに興奮して、自傷行為に走ることがあった。一九五六年、八月半ばの暑い日、彼は、突然窓ガラスを割り、その破片で自分の前腕をズタズタに切り割いて血だらけになった。つづいて便器の蓋をむしり取ると、壁や扉を乱打した」(『死刑囚の記録』加賀乙彦)

死刑を執行された死刑囚の手記

一九九八年に、村竹正博死刑確定囚が、福岡拘置所で刑の執行を受けた。

　彼は、経営危機にひんしていた事業をたて直すために資金援助を頼んでいた親友が、それを断り非難をあびせたことから、悔しさと憎しみとでその友人と連れの女性を殺し、自殺の道連れにしようとした。しかし死にきれず、さらに強盗の犯人に襲われたように見せかけるため妻も殺し、養老生命共済の死亡共済金をとろうとして偽装工作をした――という事件で、死刑の判決が確定していたのである。

　彼が生前に書いた手記がある。それは、身を裂かれるような思いで死刑におびえる者の気持ちをよく表わしているので、少し長くなるが、一部を引用させてもらう。

「私たちのような者にとって、上告棄却は、ほぼ決定したも同然であり、具体的に形を示して罪をつぐなうということは不可能である。仮に、可能な状態になったとしても、ご遺族は『命を返せ』としか、おっしゃらないのではなかろうか。無茶なことである。しかし、お気持ちを察すれば、決して無茶とばかりはいえない。私には財力もなければ、命をお返しすることもできない。もはや、死刑に付す道しか残されていないのではなかろうか。そうすることがご遺族の憤懣《ふんまん》を柔らげるものであれば、今の私の命は、そんな意味で役に立つ。

ところが誠に申し上げにくい事であるが、被害者は三人の人たちとそのご遺族の他に、私の家族もいたのです。子供たちのこと、両親のこと、そして、倒産した事業の再建に苦難と闘っている弟妹たちやその協力者の方々のことを思えば、なんとか社会復帰をお許し頂き、ご恩返し、いうなれば罪のつぐないをさせてもらいたいのである。心が事ここに及べばたった今でも帰らせてもらいたい。それでも、これを言うと、父を奪われ、母を奪われ、子を奪われた人たちの悲しみの顔が再び現われ、思いは萎える。とはいっても、子や親への想いを断つことはできない。恥しくも益々つのる。また、亡き人の思い出が浮ぶ私の頭の中は、果しないどうどうめぐりとなり狂い出しそうになる。私に命がひとつしかない限りこのどうどうめぐりが止むことはないだろう。命はなぜひとつしかないのだろうか。

死刑制度の存在とその重苦を、このような身の上になってはじめて実感した。これさえなければと、怨みたくもなる。しかし、私にこれが怨めようか。ああ、命がふたつ欲しい。粗衣粗食、秋霜烈日を苦とはしないのに」(「インパクション」四一号)

一九九八年六月二十五日、村竹死刑囚は死刑確定から八年二カ月めに、刑を執行された。

こうした死刑囚の恐怖心を少しでもやわらげ、安心立命の境地で死に対することができるようにと、死刑囚の処遇には、明治二十一年以来、教誨師の活動がとり入れられている。一般の懲役囚の、犯罪に対する矯正教育的教誨と違って、いかに死を迎え入れるかが中心だから、ほとんどそれは宗教活動になっている。

仏教、キリスト教など、さまざまな宗派のなかから選ぶことができるが、なかにはいくつもかけもちで渡り歩き、どの宗派からも救いを得ようとして、同房者から〝コウモリ信者〟と陰口をたたかれている死刑囚もいるという。

たいていの死刑囚が教誨を受け、講話会に参加しているが、これを拒んだ者もいる。獄中でアナーキズムを勉学していた連続婦女暴行殺人事件の大久保清は、教誨を拒否した。

国を相手どって訴訟を繰り返し、日本のチェスマンと呼ばれる孫斗八は、教誨を「去勢教育」だと攻撃してやまなかった(『死刑執行』村野薫)。

死刑囚の短歌や俳句に秘められた〝つかのまの生の現実〟

当然のように、死刑囚は常に何かに打ちこんで、迫りくる現実を克服したいと考える。現実の圧迫に対して内側からの抵抗を表わそうとする。

そういったところから、死刑囚からは多くの優れた歌人や句人が生まれている。

小原保は、病気療養者とその関係者が同人になっていた「土偶短歌会」を雑誌で知って、突然便りを出し、「その環境は違いますが、生死、生命に対する考え方、閉された中での作歌という点で共通したものがあるのではないかと思い、恥をしのんで」入会を頼みこみ、以後、独房から毎月欠かさず投稿をつづけることになった。

小原の名前は、あまりにも知れわたっていた。会の主宰者・森川邇朗《ちかお》氏が会員を説得したが、大半が入会に反対。そこで森川氏は会員に黙って、福島出身にちなんだ「福島誠一」のペンネームで小原を入会させたのである。

小原の投稿は二年あまりで、その数は三八〇首にのぼった。

すき間かぜ防げと暮れに紙くれし友

刑死して独りの正月

お互ひに触れてはならぬ過去ありて
つぐめば唇しきりに乾く

ずっとのち、一九八〇（昭和五十五）年になって、『昭和萬葉集』が編まれた。故事にならい、さまざまな階層と立場の庶民がつくった歌を編纂した膨大なものだが、そのなかに「福島誠一」の短歌も選ばれている。

詫びとしてこの外あらず冥福を
炎のごとく声に祈るなり

小原のほかにも、牟礼事件の佐藤誠、歌人・島秋人としてのほうが名高い中村覚《さとる》、横須賀線爆破事件の若松善紀、大阪拘置所にいた瑞穂（俳号）、山光（俳号）らが、閉じられた世界ゆえにいやおうなく研ぎすまされていく感性をもって、つかの間の生の現実を鋭く見つめている。

獄窓に来て乾飯《ほしいひ》を啄《つ》む雀
　ときをり我に美しき瞳《め》を向く（佐藤誠）
より添へる獄窓《まど》に月あり死なず済み
　春の静かなひと日昏れゆく（中村覚）
拇印して処刑の契約済ませしが
　ふと思ひ出で指の朱ぬぐふ（若松善紀）
冬バラのあまり赤きに目をそらす（瑞穂）
ドタン場のポーズしてみて汗凍る（山光）

死刑執行の宣告を受けたときの心の内は？

さて、いよいよその日がやってきたとき、執行の宣告を受けた死刑囚の心情は、どんなものだろうか。これも彼らが残した遺書や遺詠から察することしかできない。

強盗殺人の罪に問われて大阪拘置所で死刑を執行された朝鮮全羅南道済州島生まれの菊生（俳号・四十三歳）は、キリスト教信者で、最後のとき、立ち会いの教育課長と係官、弁護士に妻、義兄、俳句の師であった北山河《きんが》氏と同人代表を前にして、最後の祈りをした。

そのようすが北氏によって記録されている。

「神様、この拘置所を御恵みください。暑いとき、寒いとき、病気のとき、心配な時に、いろいろと親切な言葉や相談にのってくださって、朝鮮人も、日本人も差別なしにかわいがってくださいました教育課長さまはじめ、ここの役人さま、みんなを恵んであげてください。

字も読めない私に、根気よくいっしょうけんめいに俳句というものを教えてくださいまして、蝿や蚊や、花やお月さまを友だちにしてくださいました山河先生を恵んであげてください……

また、この拘置所にたくさんの人がつながれていますが、この人たちの上にもあなたの温かい御手を差しのべてあげてください。この人達も、みな私の永い間の友だちでありました。悪い人は一人もございません……

神さま、本当に永い間、あなたの御心をなやまして、済みませんでした。私は明日か、明後日かわかりませんが、永遠に喜んであなたのお側へ参ります。どうか、この罪深い下僕《しもべ》をおゆるしくださいまして、いつまでも、いつまでも、愛《め》でてくださいますようにお願いいたします。あなたの御栄《みさかえ》がかぎりなくこの地上にございますように、私のこの拙ない祈りを、われらの主イエス・キリスト様をとおして御前にささげます。アーメン」

このとき立ち会っていた北山河氏が書いている。

「死を前にしての実に切々たるものでありました。アクセントがまだ十分に日本人なれしていない彼でありましたが、この祈りをしたときの言葉のスムースさと、よどみない声の美しさ、そして力のこもった一言一句は、うなだれて聞く細君を前に置いているだけに、いっそう、私たちの胸をついてまいりまして、同席の一同、誰一人目に涙を宿さない人はありませんでした」（『処刑前夜』北山河）

執行を前にして、大急ぎで手紙を書く死刑囚も多い。そういう時間があればまだ幸いだ。現在は執行の直前にしか宣告されないという。

小原保死刑囚の最後の手紙は、短歌会の主宰者・森川邇朗氏にあてている。執行のときは三十八歳。一九七一（昭和四十六）年十二月二十三日、奇しくも皇太子（平成天皇）の誕生の祝いが催されている日の朝のことであった。

「年の瀬もいよいよ押しつまり何かと心忙しき折りに、突然このようなお便りを差上げて申し訳ありませんが、実は明日霊山に参ることになりましたので、一言お別れを申し上げ度くペンを執りました。

思えば二年数カ月前、縁あって『土偶』の仲間に加えて頂いたのでしたが、私のような者をも心温かく迎えて下さり、今日まで御指導頂きました訳ですが、その間先生をはじめ『土偶』のみなさんの心暖まる励ましによって、心たのしく歌の勉強が出来ましたことは、何よりの倖せでした。

明日の最期を迎えるに当り、自分でもおどろくほどの平静をたもって居りますが、これも一重《ママ》に先生をはじめ『土偶』のみなさんの温かいお心に触れて、人間としての心を取戻すことが出来たからこそで、心からお礼を申し上げる次第です。

二月号への歌稿もそろそろ始めねばと思っていた矢先でしたので、間に合わないのが残念ですがこれでお別れ致します。

永い間の修養生活も『土偶』によって有意義にすごし得ましたこと、本当にありがとうございました。

それでは、先生を初め『土偶』の皆さん、さようなら。

『土偶』の発展をお祈りしつつ。

小原保拝

森川先生へ

追伸　時間がありませんので、土橋さん（同人）に手紙が書けませんので、先生からよろしくお願い致します」

翌朝、執行の直前に小原保死刑囚は、前夜から朝にかけて詠んできた歌を書きとめた。

明日の死を前にひたすら打ちつづく
　鼓動を指に聴きつつ眠る
新しき草履たまはりあの世への
　門出に朝の空は晴れたり
世をあとにいま逝くわれに花びらを
　降らすか門の若き枇杷《びわ》の樹
静かなる笑みをたたへて晴ればれと
　いまはの水に写るわが顔

もちろん、小原のように平静な境地で死に臨める者ばかりとは限らない。落ち着こうとして静かに身を処していても、行き場のないジレンマがつきあげてきて尖鋭的に爆発する場合もある。大阪拘置所の瑞穂の「執行前日」という句が、それを示している。

夜寒さの故なき怒り鳩を絞む

この死刑囚に拘置所で親しく接して俳句を教えていた北山河氏によれば、この鳩は彼にとてもよくなついていたという。北氏の次のような評言が、この死刑囚の行為をよく説明している。

「いよいよ執行の宣告を受けると、いかに死の覚悟ができていようと夜は眠れぬものが多く、人それぞれの姿が現われます。夜寒さに湧いてくる説明のつかぬ怒りに鳩の首を絞めてしまったのです。親が子を道連れにする行為とも、やり場のない憤懣をもっとも親しいものへ投げつける行為とも見られますが、いずれにしても、ここにせっぱつまった人間のやるせなさ、弱さといったものがさらけ出されています」

生々しく記録されていた死刑執行現場の実態

刑場は、どこに、どのようにつくられているのか？

死刑を執行する刑場は、現在、日本に七カ所ある。札幌刑務所、宮城刑務所、東京拘置所、名古屋拘置所、大坂拘置所、広島拘置所、福岡拘置支所の七カ所だが、すべて高等裁判所と高等検察庁の所在地に対応して設置されている。

一時、新改築のために広島と福岡で執行を代替したことがある。また、終戦当時の東京拘置所（巣鴨）がＧＨＱに接収されたため、一九六三（昭和三十八）年までは宮城刑務所へ送って処刑していたこともあった。そのため、東京の死刑囚のあいだでは、宮城へ送られるのを執行が近いのだと、〝宮城送り〟といって恐れていた。

宮城刑務所の刑場は、死刑囚の舎房のある仙台拘置支所と、それと隣接する宮城刑務所のあいだに塀に囲まれて独立してある。

舎房から刑場へは、塀の下を通り抜ける二〇メートルほどの地下道をくぐっていく。鉄の扉をくぐって入るのが現世との岐《わか》れ目、関係者はここを「三途《さんず》の川」と呼んでいるという。

再審無罪となり生還した免田栄氏の話によれば、当時の福岡拘置支所の刑場の入口は、運動場の先、塀のいちばん隅にあり、執行の際に運動場を横ぎって連行されていく死刑囚の最後の姿が、舎房の窓から見えたという。

一九六三（昭和三十八）年、全国をまたにかけて五人の連続殺人事件をひき起こした西口彰死刑囚も、この刑場で執行された。

最期の時にあたって、所長から「何か望みがあれば可能な限りかなえる」といわれ、彼は白無垢《しろむく》の着物を依頼した。実際その日は、白無垢姿で裸足のまま、運動場を通って刑場の入口に消えていったという。

刑場のなかの設備は普通、入ってすぐ手前が祭壇を設けた教誨室になっていて、如来像などが安置されているが、死刑囚の信仰の対象しだいでキリスト教などの祭壇に飾りかえられることもある。

執行される前に死刑囚は、ここで経をあげたり、遺言や辞世を残したりし、立ち会いの刑務官から饅頭やたばこを勧められて、最後のひとときをすごす。

その奥には執行室、絞首を行なう刑壇がある。壇の上までは一三階段といわれるが、実際は次ページの図のような構造になっている。

法律が定める死刑執行の具体的な手順とは？

法律上では、死刑の執行は刑事訴訟法と刑事収容施設及び被収容者の処遇に関する法律で、つぎのように定められている。

刑場の見取り図

平面図

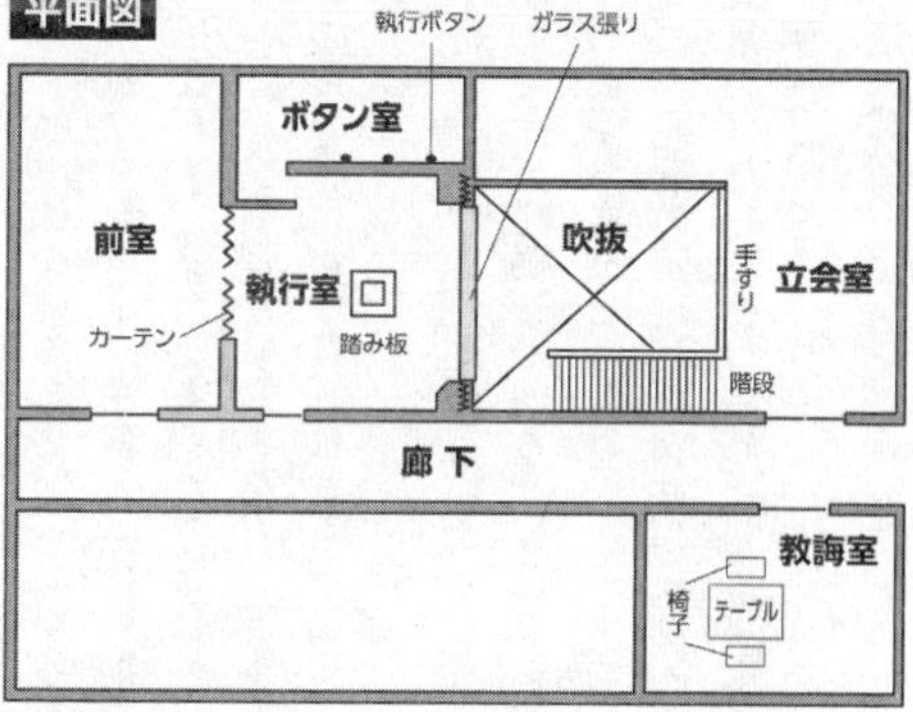

立体図

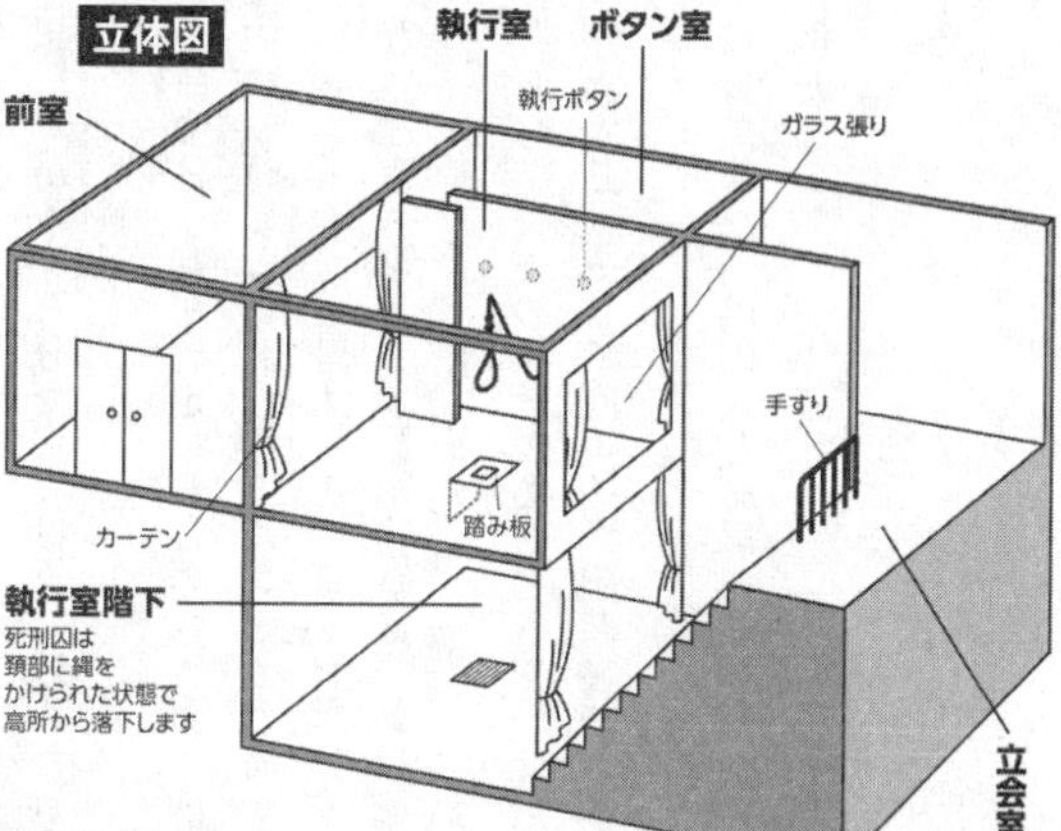

出典:日本弁護士連合会
『裁判員の皆さまへ 知ってほしい刑罰のこと』

●執行の場所・方法――死刑は、刑事施設内の刑場において執行する。

●執行後の解縄――絞首のあと、死亡を確認してから、五分たたなければ絞めたロープをほどいてはいけないことになっている。

●時期と立ち会い――法務大臣の死刑執行の命令は、判決確定の日から六カ月以内にしなければならず、命令があったときは五日以内に執行しなければならないとされている。立ち会いは、検察官と検察事務官、刑事施設の長あるいは代理人。そのほかは検察官か刑事施設の長の許可がなければ誰も刑場に入れない。立ち会った検察事務官は、執行始末書を作成する。

●執行の停止――死刑の言い渡しを受けた者が心神喪失の状態にあるときや、死刑宣告を受けた女性が妊娠しているときは、執行を停止する。そして回復後、出産後に改めて法務大臣の命令が必要となる。

実際に、死刑の確定した女性の死刑囚が、残してきた子供のことを思い煩い、ついに精神に異常をきたして執行の停止処分になった例がある。

（執行の手続き）

上申書（検事長または拘置所長）

↓

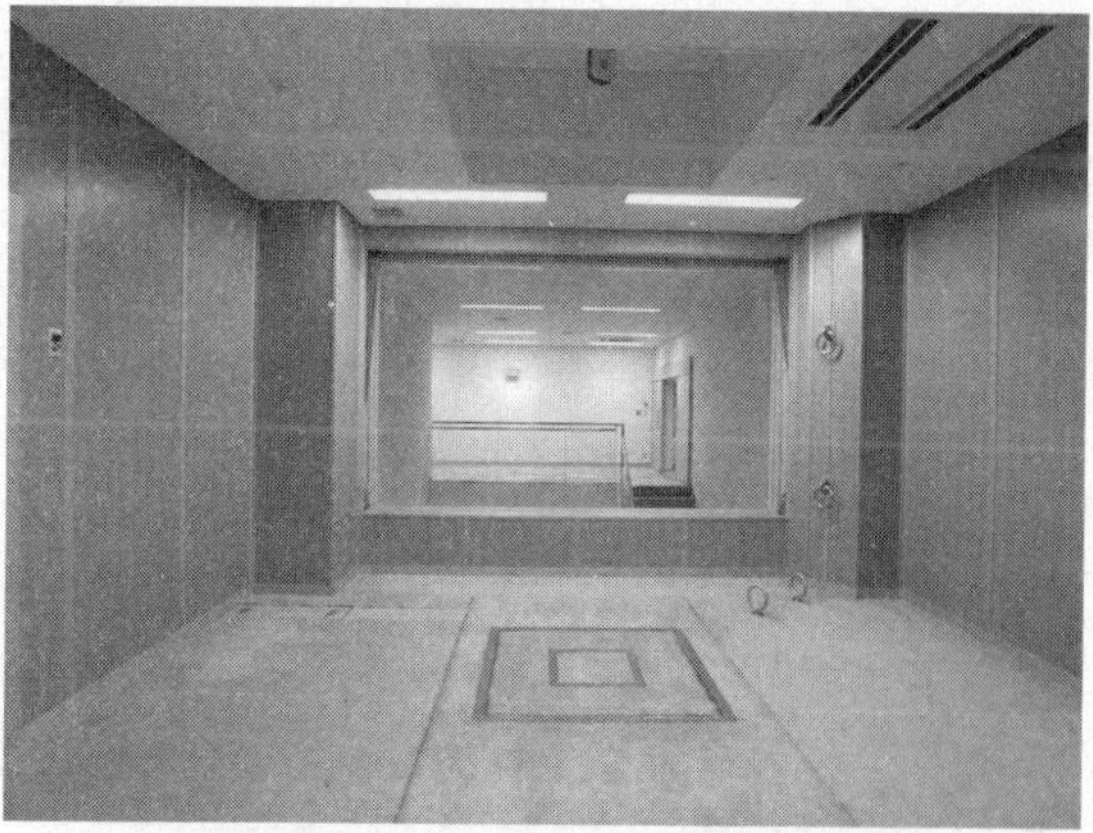

2010年に報道機関に初めて公開された東京拘置所の執行室

ボタン室から見た執行室（ともに毎日新聞社提供）

企（起）案書作成（法務省刑事局）
↓
命令書（法務大臣署名）
↓
執行指揮書（検事長）
↓
死刑執行（拘置所刑場）
↓
執行始末書（法務大臣へ）

●執行の順番——特に法に定められてはいない。一般的に確定時期と、安定した囚情つまり安心立命の境地にいるかどうかで決められるというが、行刑の密行主義のために選択順の実情はほとんどわからない。

上訴権の回復あるいは再審の請求中、非常上告、恩赦の出願（申出）がされているときは、その手続きが終了するまでは、確定から六カ月以内という期間に算入しない、つまり勘定に入れないと刑事訴訟法第四七五条に定められている。が、それにしても執行順については理解できない場合が多い。

過去を振り返ってみると、再審請求中の者をはずしてみても、熊本の殺人放火で一九七九年七月に死刑が確定したK・Tは、その後に確定した二人よりも遅く執行されているし、八八年五月に確定したS・Tは、それ以前の八四年三月に確定したS・YとY・Kよりも早くに執行されている。

一九九七年八月一日に永山則夫死刑囚は執行されたが、彼よりも前に確定して再審などの手続きをしていない死刑囚は、この時点で少なくとも二人はいた。

それなのに永山が執行されたのはなぜだろう。神戸で起きた「連続児童殺傷事件」に関連しているとみる向きもある。つまり、中学三年生の少年の犯行であったところから、「少年事件（永山則夫は犯行時十九歳）でも厳しく処断する」「死刑制度は厳然と維持されている」ところを見せんがために、法務当局が彼の死刑執行を急いだというのである。

何も公表されないために断定する材料がないが、このことが今また改めて死刑制度を考え直す問いかけになっているのだ。

●執行の告知――本人に知らせるのは、前述のように以前は数日前、少なくとも前日に行なわれていたが、現在は執行の当日、朝食のあと、あるいは教誨室での礼拝のあと、運動中などに、拘置所長に呼び出され、教誨師立ち会いのうえで執行を知らされる。執行まで一時間半ほどの時間だという。東京拘置所では一九七一（昭和四十六）年暮れから、現在のような即日告知方式がとられているらしい。

ただ、この即日告知には問題がある。

刑事訴訟法第五〇二条に、異議申立の権利が認められており、検察官の執行指揮の処分に対して異議の申立てをしたくとも、即日告知、しかも執行一時間半前という時点という状況ではまず無理というもの。死刑囚の異議申立の権利が保障されていないという問題があるのだ。

執行の告知のあとは、領置物調べといって、施設で預かっていた本人の持ち物の処分をどうするか希望を聞く。

永山則夫死刑囚の場合、所持品は一九九点。靴下一四足、ポロシャツ一点、トレーナー上一点などの衣類や筆記用具、石けん一点、石けん箱一点、ハブラシ一点、ハブラシケース一点など身のまわりの日用品、そのほかはおびただしい数の書籍だった。それを永山死刑囚は担当の遠藤誠弁護士に渡すように依頼した。

その後、心情の安定を図るため教誨師と三〇分ほど話し合い、それが終わるといよいよ刑務官につき添われ、歩いて刑場に向かうことになる。

●執行——執行の次第は必ずしも粛粛とばかりは進まない。

東京拘置所の教誨室（毎日新聞社提供）

雅樹ちゃん殺しの犯人として死刑の言い渡しを受けていた本山元医師の場合は、いざ執行という日、〝お迎え〟にきた刑務官に自分の房の机を投げつけ、あらん限りの力を尽くして抵抗し、ついには、出動した〝トッケイ〟（特別警備隊）に催涙弾を撃ちこまれて連行されていくという大騒動になった。引きずっていかれた廊下には失禁のあとがずっとつづいていたという。

　これに似て、藤沢の女子高生殺人・死体遺棄事件の佐藤虎美死刑囚も、所長の宣告を聞いたとたんに、

「殺《や》られてたまるか！」

と、一〇〇キロ近い巨体で暴れまわった。

　やっとのことで刑場まで引き立て、教誨室に入っておとなしくなった。いざ最後の勤行

となったとたん、儀式どころか手錠と腰縄をはずすとふたたび大暴れ。とびかかる刑務官を投げとばす、わめきちらす、それをみんなでよってたかって取りおさえ、カーテンの向こうに引きずっていってしゃにむに首にロープをかけて吊るしてしまった。教誨など及びもつかず、ただ格闘だけに五〇分を要したという。

裁判で刑場の現場検証を実現させた死刑囚の最期

刑場のなかがどうなっているか、処刑はどのように行なわれるか、白日の下にさらされたことがある。

拘置所の処遇をめぐって、つぎつぎに訴訟を起こしていた〝日本のチェスマン〟孫斗八の裁判の経過のなかでだった。

彼がもっとも力を入れた「現行の絞首刑は残虐で、残虐な刑罰を禁じた憲法三六条に反する」という違憲裁判で、大阪拘置所の刑場の現場検証を実現させたのだ。

裁判官らと刑場に入り、孫は自分の処刑される場所や方法をあらかじめ知ることになったのである。処刑の模擬再現は、演じる刑務官たちの緊張で何度も失敗したという。

しかし、孫の期待は裏切られて敗訴。

訴訟中の死刑停止命令もとり消されて、いつなんどき……という身の上になった。彼は大急ぎで遺言状をしたためる――。

「国が不当な手段で私を処刑しようとする場合は、実力で抵抗しますから、私の死体を解剖して、ことの真相を追求すること。

不意打ちに処刑しようとしても再審の請求をして死刑の執行をくい止めるべく、再審請求書を作成して持っているので、いざというときは、年月日だけ記入して提出すれば法的に有効であり、そのようにするが、それができなかった場合は、実力によって阻止されたものと判断してよい」

刑の執行は、この遺書が書かれてから三カ月と七日めのことだった。

『逆うらみの人生』という著書で孫の獄中闘争を描いた丸山友岐子氏が、孫の遺体をひきとり、遺言のとおり解剖に付した。

執刀した大阪市立大法医学教室の吉村昌雄教授の死体検案書には、「口腔粘膜挫創、左右上腕内側圧傷、四肢表皮剝脱」とある。舌を噛み切ろうとしたらしい口の傷あと、両手両足に引きずられたらしい擦過傷があり、明らかに抵抗して暴れた痕という。両の腕にはっきりとアザとなって残っていた五本の指のあとは、死にものぐるいの力で執行にこぎつけた刑務官のようすを想像させるものであった。

もうひとつ問題の点は、遺言状に記されていた再審申立書。この申し立てはされておらず、遺留されてもいない。拘置所側は「発見できなかった」としている。孫の起こしていた九つの訴訟もまだ審理中だった。

「吉展ちゃん事件」小原保死刑囚の刑場での意外な遺言

孫が処刑された一九六三（昭和三十八）年の七月十七日、「吉展ちゃん事件」の小原保は、奪った身代金五〇万円をすべて使いはたして、浅草周辺を途方にくれて歩いていた。

それからちょうど二年後の同月同日、小原は警視庁の八号取調室で取調べを受けていた。自供を始めて十三日めのこと。この日の供述調書を見ると――。

「1・時間の判《は》っきりしたことは記憶してませんが　事件后の四月末頃吉展ちゃん誘拐犯人の（脅迫電話の）声の録音放送が始って直後頃、私は昼間洋画を見るため一人で三輪の手前左側に在る映画館に入りましたら、映画の合間にニュースが上映され、そのニュースの中で画面に、吉展ちゃんのお母さん、あと誰か一人　（生前の）吉展ちゃんも居たようだった。

その内アナウンサーが　一日も早く吉展ちゃんを帰《かえ》してくれ等のことを喋っていて　私

はそれを聞き見て、本当に申訳ないことをしたと思い本当に苦る《ママ》しくなりました
その時の洋画の題名は何であったか現在忘れています
この時が一番苦るしい気持になりました」
と、犯行後の心中を語っている。

この調書をとった平塚八兵衛刑事が、頑強に否認していた小原容疑者を自供に追いこむことができた理由のひとつは、小原の母親の話だった。

鉄壁といわれた小原のアリバイを切り崩すために平塚刑事と望月晶次刑事が郷里の福島の村を歩きまわっていると、小原の家の横道で、ひとりの老婆が泥田のなかから這い上がってきて、二人の前にいきなり土下座をした。保の老いた母親だった。

「私は保をそんな人間に育てたおぼえはないが、もし保がやっているんなら、早く真人間になって本当のことを言うようにいってやって下せえ」

そういって、地面に頭をこすりつける。

平塚刑事は取調べで、このときのことを小原にぶつけたのである。平塚刑事はその話をして、いきなり取調べ室の床に土下座をしてみせたのだ。「早く真人間になってほんとうのことを言えッ」この言葉が小原を動かした。

いったん自供してからの小原が実に潔かったことは前に述べたが、それからさらに六年、

いよいよ最期の朝となったとき、刑場で刑務官から何か言い残すことはないかと聞かれて、遺言を伝えてほしいといった相手は、意外にもこの平塚八兵衛刑事だった。

「警視庁の刑事の平塚さんに言って下さい、小原は真人間になって死んでいきました、と。今度、もし生れてくれれば、真人間になって生れてきますと言っていたと」

この言葉は、看守の口から電話で当時府中署の三億円強奪事件の特捜本部にいた平塚刑事に伝わった。なにか痛烈な一撃といったものも感じさせる遺言である。

大阪拘置所長が秘かに録音した、告知から死刑までの五三時間

執行の言い渡しを受けてから五三時間、絞縄に吊り下がるまでの実際の経過を録音したテープが残っている。死刑囚を処遇する刑務官の教材に役立てようと、大阪拘置所の玉井策郎所長が指示して秘かに録音させたものだ。

録音に残っている主人公の大谷高男死刑囚は、このとき三十七歳。

八年前、共犯者二人と共謀してピストル強盗をはたらこうと神戸市須磨区の歯科医の家へ押し入った。仮眠中だった医師を縛り布団をかぶせ、屋内を物色していると、そこへ家族の急報で警官がかけつけてきた。その巡査がピストルを持っているのを見た大谷は、射

殺されると思い、その前にこちらがと、持っていたピストルを巡査めがけて発射、弾は左胸に命中して巡査はまもなく死亡した。

神戸地裁、大阪高裁いずれも死刑で、事件から三年めの九月五日、上告も棄却となって死刑が確定した。

録音テープは、大谷死刑囚が出願していた恩赦願いが却下されたことを所長室で告げられるところから始まる。

一九五五（昭和三十）年二月九日午後十時二十分。所長の言葉は苦し気に聞こえる。

所長「このたび恩赦の申し出を却下され、とすれば近日中に死刑執行の命令が来ると……。尚、いよいよ死刑となれば出来るだけの面倒をみるから、まことに残念だがやむを得ないね」

大谷「長かったですね（苦しまぎれか少し笑う）」

所長「うん長かったね。よくやってくれたよね」

当時の大阪拘置所では執行が決まると、家族との面会を許していた。そのほか特に「送別茶会」といって、あとに残る死刑囚たちとの別れの席ももうけていた。このとき大谷死刑囚はまだ実際の執行の日時については告げられていない。

彼はこの「送別茶会」の場で、残る死刑囚八人と刑務官を前に、これまでのことを詫び、現在の心境を淡々と語る。

大谷「嫌なことばっかり言うてネ。自分が良うなろうとかならんとか、点数かせごうとか思って特に言うた訳ではないんでネ……（他の死刑囚たちの笑い声）……今日お迎えが来ましてね。ところがネ、部長さんの顔を見て、いきなりパッと頭に来たのがね、親のことでも子供のことでもないんですワ、まず一番最初に浮かぶのは阿弥陀さんのことなんですワ」

管理部長の「大谷君のために歌ってあげようや」という言葉で、皆がかわるがわる、伴奏もなしに歌をうたっていく。最後に大谷が『誰か故郷を想わざる』の曲を、この世の名残りにとばかりにうたう。

「……唄をうたった帰りみち
幼馴染《おさななじ》みのあの友この友
ああ、誰か故郷を想わざる」

太く低い声で、まさに大地にしみこんでどこまでも広がっていくといったような音色。

私はこれほどの絶唱を聞いたことがない。

そして全員で、『螢の光』の合唱で茶会は終わる。

午後四時三十分。執行まで四六時間三十分。

舎房に帰されるが、苦しまぎれに自殺を図るのを監視するために特別に配置された刑務官の眼が一晩じゅう光っている。

翌二月十日午後一時三十分、送別俳句会が催された。彼も北山河師の指導をあおぎ、菊生や瑞穂らとともに六年にわたって句作をつづけてきた。俳号は豊年。

母恋し日永あざむくよしもなし
短夜《みじかよ》や鉢の蔓草宙を巻き

死刑執行の前日、姉との最後の別れの詳細な録音

この日、知らせを受けて実の姉がかけつけてきた。

妻とはすでに離婚しており、一人息子をこの姉に託していた。このときすでに大谷には翌朝の刑執行が知らされている。子供の将来をどうするか、就職はどうするかと相談するうちに時間はたってしまう。

刑務官「とうとう姉さんと別れなならん時間がきたんだがノウ。別れは尽きないと思うし、また言い足りないこともあったと思うけどノウ、エエ、ちょうど四時半の役所の規則

がノ許さないんで。最後にノ、言いたいことがあったら姉さんに言って、別れと、ノウ」
大谷「(とぎれとぎれに)それじゃ、姉さん、長い間ありがとうございました。どうか、お母ちゃんにも、よろしく、申して下さいね。そして、子供のことは、くれぐれも、お願いします」
(姉がすすり泣きはじめる)
大谷「それでは大事にネ、立派に死んでいくとは思います(姉、泣く)姉ちゃん……(姉の泣き声がしだいに嗚咽になる)姉ちゃん、もう泣かんで。笑って別れましょう。(しどろもどろになってくる)どうか、死んで、せめて、明日は、姉さんはお母ちゃんのところへ帰るんやもん」
姉「……堪忍してね」
大谷「僕の行く時間が(きたら)……大きな声で……(僕の名を)呼んでや」
姉「高ちゃん」
大谷「(泣いている)姉ちゃん」
姉「……夜になって、お母さんと一緒に……(呼ぶから)」
刑務官「では、名残りはつきないと思いますがこれで姉さんと別れましょう。まァ、姉さんもネ、非常にこう残酷なようなんですがネ……」

姉「そんなら。さようなら。かんべんしてね」

（泣く声と足音が遠ざかっていくのに、遠くの電車の警笛の音がかさなって聞こえる）

大谷「姉さん、さようなら」

（この後、部屋を出て、姉は廊下で風呂敷包みを抱えたまま腰をぬかして立てなくなったという）

この夜、彼がのこした最後の句――

あす執行下剤をのみて春の宵
何くそと思えど悲し雪折れの竹

秘密録音に残された死刑執行当日の重苦しい現場

そして、執行当日。

この日の朝食は龍田晶教育課長の特別の配慮で、白米の茶漬だった。

なぜかわからないが、刑場に連行されたのは午後だった。

仏間にはすでにローソクがともされ、香がたかれている。饅頭と茶が供えてある仏壇の前に椅子がひとつ。そこへ彼が坐る。そこへ玉井策郎所長、飯田昭検事、有田繁雄管理部長、吉川卓爾教誨師、医師らが入ってくる。両側に一〇脚の椅子が並べてある。

狭い部屋のなかに、十二礼という経の読誦が響く。

玉井所長が、はなむけの煙草をさし出す。

なんとか雰囲気を穏やかにしようと思うのだろう、周囲の人たちの笑い声が大谷死刑囚の一挙手一投足に合わせるかのように終始聞こえている。「気にするな」とか「そうか」という声もまじっている。

沈黙が怖ろしいとでもいうように誰かがつぎつぎに話しかける。

所長「うまいか?」

大谷「私は煙草が好きでしてね、兵隊の時分、機関車というあだ名をつけられていたんです。少年院入った頃からでねェ、まあ心臓も強かったんでしょうね」

場違いの冗談に、周囲から苦笑に近い笑い声が起こる。

一見おだやかにとりとめのない話がつづくなか、いざ執行と、いったい誰がいつ切り出すのか、はたして大谷の反応はどう出るのかといった張りつめた空気が流れている。

結局、有田管理部長が、「こうしていても、いつまでも名残りの尽きないことだし、そろそろお別れにしましょうか」と切り出した。

大谷はおとなしく、その場の人たちと長い握手、最後に関秀峰教育課長に、

「先に行っています。極楽では私のほうが先輩ですからネ」

といって、皆がまた笑う。

そして姉の心尽くしの経帷子《きようかたびら》に着替えて、焼香。目隠しと手錠がされて、仕切りの白幕の奥、刑壇に引かれていく。

「静かにね」という所長の声。四弘誓願《しぐせいがん》という読経の声が高くなる。

録音テープには係官の説明の声が入っている。

「ロープが首にかけられました。今、足がゆわえられました」

そして、バターンという大きな音。

吉川教誨師の声だろうか、「なまんだぶ、なまんだぶ」という声に、鉦《かね》の音。

録音テープの最後は、医務官の声で終わっている。

「報告します。死刑執行、二時五九分。死刑終了、三時一三分二秒。心音時間、一四分二秒、終り」

玉井所長の話では、遺体をひきとりにきた姉が、この日、自宅の二階から母と一緒に高男の名を呼んだと語ったという。

死刑執行を命じられた刑務官たちの懊悩《おうのう》

壇上の踏み台に立ってから落下までの平均時間は三秒、死亡確認までの平均所要時間は一四分から一五分ほどといわれる。

実際に処刑に立ち会っていた東京拘置所の元看守長・佐藤和友氏によると、「勢いよく落下した死刑囚の体は、一度S字状に突っ伏すと縄の捩れにより左に右にコマのように回転するので、地下で待機する職員が死刑囚の体を抱いて回転を防ぎ、医師が脈をとりやすくする。落下してから、激しいケイレンが一分ないし一分半つづき、うしろ手錠の両手は背後に水平に近くなるまで伸ばし、両膝を縛られた足は爪先立ちで歩くように、左右別々、小刻みに動かしつづけたあと全身が弛緩する」という。

職務とはいえ、この執行の業務についた刑務官には少なからぬ動揺が起きる。あるいは転職すら考える者が出たり、人に声を大にして語れない処刑の残像に苦しめられたりする。

そのため、施設の側では執行命令がくると、執行に携わる刑務官の人選を慎重に行なう。当人が最近この職業についてどう考えているか、さらには夫婦仲はどうかなどということまで勘案して選び出し、選ばれた刑務官には執行される死刑囚の公判調書のなかから実況見分調書の被害者の写真を見せて、いかに残虐な犯罪行為をしたか改めて見直させるなどの方法をとる施設もある。

副看守長以下で死刑執行に携わった刑務官には、人事院規則によって特殊勤務手当（死刑執行手当）が支給される。一回の死刑について五人以内に一人二万円ずつ支給される。しかし、なんの手当だか妻にも話せないという刑務官もいる。その金で子供に玩具の土産を買ってやるような気にもなれず、たいていは酒を呑むという。

「そんな酒はうまくもないし、処刑者の命を呑んでいる気になってしまう。死刑制度があるのだから一般市民に代わって俺がやっているんだ、という思いから、その場にたまたま同席している客に、あんたたちも呑めと、なにもいわずに、すっかりふるまってしまうことが多いね」

と語った刑務官もいる。拘置所によって執行の業務後、その日に酒席を設けたり、休暇や出張を与えて刑務官を慰めるところもある。

大谷死刑囚の処刑までを録音した玉井策郎所長は、その後、参議院法務委員会の死刑廃止法案公聴会に参考人として出席、

「刑務官は教育者であり、悪に迷いこんだ人間を矯正して社会へ送り出すのが役目だ。そこに誇りと社会的責任を感じている。その教育者が、死刑を執行しなければならない。

全く矛盾ではないか。悪人を善人にして死刑する。それが法律的に認められているものであっても、死刑が殺人であることにかわりない。

教育者という看板も誇りも汚れ、自らが殺人者となる。

それも前非を悔い、われわれ以上に立派な人間に成長した者を、なぜ殺さねばならないか。執行に立ち会った職員は、誰もが良心の呵責を受けている」

と、拘置所の職員の声を代弁して、自分がとった大谷死刑囚の処刑までの録音を法務委員たちに聞かせたのだった。

第4章　死刑制度の危険な落とし穴

捏造された証拠ゆえに死刑判決を受けた男

一家四人惨殺放火事件の容疑で逮捕された青年

「〝お迎え〟がきて、連れて行かれる時はほとんどみんな黙っていくね。ずっと無言のま、廊下にスリッパの音だけがきこえてね。ただ、たった一人だけ、ちがったのがいた。大きな声でね。〝みなさーん、さようならアー〟って言いながらいった人がいたね。その声は今でも耳の底に残ってるよ。ねー」

こう語るのは「松山事件」の斎藤幸夫「元死刑囚」。ひょっとしたら自分もそう叫んでいたかもしれないというように、身を固くして話す。

実際、再審が開始されて斎藤被告の無実が証明されなかったら、今頃そんな思い出話もできなかった。

今ではもう六〇年以上も前の、一九五五（昭和三十）年十月十八日。仙台から北東へ約四〇キロ、宮城県志田郡松山町（当時）の祭りの夜に、事件は起きた。例年どおり白子明神の祭りが賑やかに終わったあと、夜中の三時三十分、農家のO氏宅のわら葺《ぶき》屋根から、

殺人現場となったＯ家の焼け跡

月のない闇夜をこがして大きく火の手があがった。

全焼したＯ家の焼け跡からみつかった一家四人、Ｏ氏夫婦と四女、長男の死体の頭部には、頭蓋骨骨折をともなった切り傷があり、近くで薪割りがみつかったため、さっそく地元の古川署に捜査本部が置かれ、殺人放火事件として捜査が始められた。

強盗、怨恨、痴情のもつれなど、さまざまに捜査は進んだが、おおかたの見方はＯ氏の妻をめぐる痴情関係という線が強かった。

のちに、東京放送のラジオ番組の取材に応じて当時の刑事が語っている。

「もの盗りだとすればですネ、部落きっての零細農家（Ｏ家のこと）にですネ、そこに好き好んで入るというのはおかしい。犯行の動機は何であろうかということについては、(O氏の)奥さんが多情、淫奔ということで、男関係があるということは、最初からニオイは出とったです」

もっとも有力だった痴情怨恨説で、容疑者を一七名にまでしぼったが、決め手に欠け、捜査は難行、長期化して迷宮入りの様相を見せていた。

そして事件から二カ月近い十二月の初めになって突然、ひとりの若者が逮捕された。当時二十四歳の斎藤幸夫容疑者、容疑は別件の傷害罪だった。

痴情怨恨の線上にはいない彼がなぜ突然、逮捕されたのか。

一週間前、捜査本部の幹部打ち合わせ会議で、県警捜査一課の佐藤課長が強硬にもの盗り説を主張して、その線から出ていた斎藤容疑者を東京から引っ張って取調べようということになったのである。

飲み屋に一万円ほど借金があるというのが、その容疑だ。別件の傷害は、盆踊りの夜、友人と酒に酔ってやった些細《ささい》な喧嘩によるものだった。

斎藤容疑者は逮捕当初から犯行を否認していた。

逮捕当夜、彼にはアリバイがないとされていたが、長兄は反論する。

「あの晩、奥の八畳間にたしかに、幸夫兄妹三人が寝ているところを見ているんですよ」

弟も、

「あの晩、目がさめて便所に行くのに、起きて布団の裾《すそ》をふんでいったら、幸夫が怒って〝廊下を通って行け〟と言ったんです。その時ちょうど火事を知らせる半鐘の音がジャンジャン鳴ってました。ですから、事件の時は幸夫はまちがいなくうちで寝てたんですよ」

O家の現場から斎藤家までは、古川署員の調べによると、船越街道の切通しの上を通って約一・四キロ、早足で一三分の距離である。

幸夫は懸命に否認したが、事件当夜のことは、寝ていたというアリバイしか主張のしようがなく、認めてはもらえない。

冤罪事件の被告、弁護士のよくいうことだが、無実であることは証明がきわめて困難なのである。

やっていることなら、現実的な事実ならば、それについての証拠は何かしら残りうる。

しかし、無実、事実にないことは、ないのだから何の形跡・証拠も残らない。それを証明するのは容易なことではない。たいていはアリバイくらいしか材料はないのだ。

そのアリバイが、家族の証言では信用できないというのなら、たいていの者が無実は立証できなくなる。

やはり冤罪事件だった松川事件の被告のひとりが、こういったことがある。

「深夜に起きた事件のアリバイといったって、たいていの人間は、家族と寝ているのがふつうだ。その家族の証言が信じられないというのなら、みんなオマワリサンと一緒に寝なきゃならないってことだよ」

なぜ、やってもいない殺人・放火を自供してしまったのか?

斎藤容疑者の否認は、わずか五日で崩れる。朝九時から深夜十二時までの暴力的な取調べが連日つづいたことで、それに抵抗しきれなくなったためだった。

もうひとつの理由は、留置場で同房だったT・Kのささやきだった。T・Kは、斎藤容疑者のあとからおなじ房に入ってきた前科五犯の窃盗犯である。

このとき、留置場のほかの部屋はいくつも空いていた。それなのに、T・Kは斎藤容疑者とおなじ房に入ってきたのだった。

そのT・Kが、不安と疲れで眠れない斎藤容疑者の耳もとで、「俺のいうとおりにしたら早いとこ出られるよ」と、そっとささやいた。

「警察にきたら、やらないこともやったことにして、裁判のときに本当のことをいえばいいんだ。裁判のときは俺が証人になってやるから」

これは、魅力的な言葉である。無実の証明のしようがなく、逃げ出しようがないと絶望的になっている苦境にさしてきた一筋の光明、脱出口に見えるのだ。

「裁判のときに本当のことをいえばいい」

事件の専門家であり、公正な審判者である裁判官には、自分の嘘など簡単にお見通しのはずだ、ここでいったん嘘の自白をしたって裁判で真実は必ず明らかになる——こう考えて犯行を認める。斎藤容疑者も、その誘惑に負けた。

犯行現場を知っている取調べ官は、つじつまの合うように自白をより厳密なものにしようとする。いったん嘘の自白を決意した容疑者は、一刻も早い解放をのぞんで、想像をたくましくして犯行を再現、取調べ官に迎合する。

こうしてできあがった自白調書は、しかし、法廷にいった段階でもはや簡単に崩せるものではなくなっているのだ。

取調べ官の要求で斎藤容疑者は、〝犯行〟を手記に書き、録音テープにまで吹きこんだ。

「殺そうと思いマサカリのような物があったので、それを持って入りました。××さんの頭を三回か四回殴りました」

そして、現場検証で犯行の手順を説明までしたのだった。

犯行を自供したという新聞の号外を見たときの気持ちを、幸夫の母は、こういっている。

「まだ警察を信じてるときだったからネ、なんだ野郎（幸夫）頭おかしくなったんじゃねえだかなァって、あいつ（幸夫）ばかりウランでいたのサ」

兄にしても、

「ほんとうにビックリしましたねえ。なんで火事のときにうちで寝ているものがやれるんだ？　頭おかしくなったんだと思ってねえ」

しかし九日たって、斎藤容疑者は今度は全面否認の手記と母宛ての手紙を書いている。

「お母さん、××さん一家を殺し火をつけたのは、幸夫ではありません。しかし同じ留置所に入ってる人から、やらないこともやったことにして、裁判で本当のことを言うんだと聞かされ、私が殺しましたと言ってしまったのです」

しかし、この手紙は差し出されず、母親のところに届くことはなかった。

翌日、取調べ官から無実を証明しろとまた迫られて、否認を撤回する。その翌日には、検事の取調べで否認、以後は一貫して否認の態度を変えていない。

裁判では無罪を主張したものの最高裁でも死刑の判決

第一回公判の罪状認否で、斎藤被告はもちろん無実を訴えた。

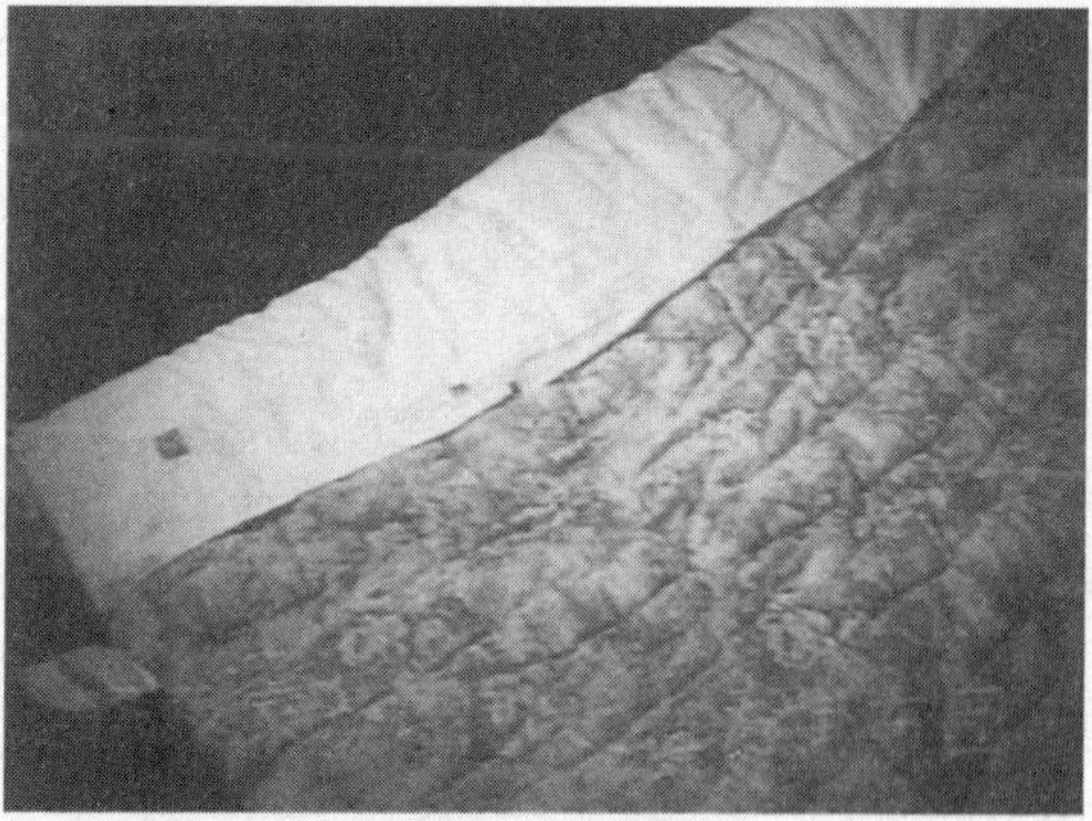

斎藤家から押収された問題の布団

一年後、一九五六（昭和三十一）年十二月二十五日の第一四回公判に、検察側の証人として、ひとりの男が証言台に立った。

留置場で斎藤容疑者にそそのかしの言葉をささやいた、あのT・Kである。

検察官「やらないこともやったと言えと、被告人に薦めたか」

T・K「それは誤解です。やったならやったと素直に言って裁きを受けたほうがいいと言っただけです」

さらに翌年、第一八回公判（一九五七・五・九）で、検察側の証拠として、とんでもないものが提出された。

斎藤家から押収された掛け布団、その襟あてに被害者の血液が八〇個以上も付着しているという鑑定書（東北大・三木助教授作成）である。

犯行後に自宅に帰った斎藤は布団に入って寝たが、そのとき頭髪についていた被害者の返り血が襟あてに付着した——と検察側は主張したのだ。

ところが兄は、激しい口調でこういう。

「その布団が押収されていくとき、押入れの前に広げて警察官が写真をとるのに私は立ち会っていた。だけんど、そのときはなにもついていなかったんですよ」

事件から五一日めに警察がこの掛け布団を押収していった直後、弟は兄嫁に、「ちがうよ、あの布団は。あれは幸夫の布団でなくて俺のだ」と訴えていた。検察官にも法廷でもそう主張した。

それに対して検察側は、事件後に斎藤被告が上京して以後、弟が使っていたのだと説明する。

とすると、弟は襟あてに八〇以上もの血痕のついた掛け布団を五一日も使っていたことになってしまうのだが、それについての説明はない。

そもそも、この血痕の鑑定書の提出については疑問がある。これほど重大な証拠、被告有罪の決め手を、なぜ最初から法廷に出さなかったのか——という疑問だ。

検察側はなぜ鑑定書の入手から一年三カ月もたって、一八回も公判がすぎてから提出したのだろうか。

それとおなじく疑問が湧くのは、枕のこと。なぜ枕を差押え、押収しなかったのかという点だ。頭髪の返り血が襟あてに付着したものなら、枕にもついているはずではないのか。

もちろん、第一審の弁護人・石塚弁護士は、これらの疑問を追及して、斎藤被告の無罪を主張した。

しかし、一九五七（昭和三十二）年十月二十九日、第二八回公判で、裁判長が主文を読みあげた。

「被告人を死刑に処する」

さらに第二審でも、死刑の判決。

最高裁判決の間近い十月二十九日、斎藤被告は、獄中で日記に記している。

「両親が来所。

今日、夜行にて上京の由。

差戻しの判決の時にはすぐ電報をうつから、と両親」

「電報のこない時には……俺の人生が終着を告げる時なのか」

十一月一日、最高裁は、わずか三〇秒で判決を言い渡した。〝上告棄却〟。被告の訴えは認められなかったのである。

母は電報を打つこともできずに、裁判所近くの日比谷公園のベンチで途方に暮れた。
そのとき、守屋和郎弁護士は、まだ再審という道があることを熱心に母に説明した。
その日の獄中日記。電報が届いて——。
「……静に用紙を開いた。
ハンケツキイタ　ゲンキヲダシテ
ガンバロウ」

死刑囚を死の淵から救った驚くべき新証拠とは？

しかし、この日からは死の恐怖に脅かされる毎日が始まったのである。

「カラスが啼く日は人が死ぬ」

この迷信がうらめしい。朝、カラスの啼き声を聞くと、十時までは心臓がおどる。看守が扉の視察孔の窓を順々に閉めていく音が聞こえると手に汗にぎり、自分の部屋の前で看守の足音が止まらないことを必死に祈りつづける。

しかし、「針の穴にラクダを通す」に等しいといわれるほど、再審はおいそれとは開かれない。簡単にしばしば開いては法が威信を失い、秩序の安定が崩れるため、条件が厳しく規定されているのだ。

たとえば、そのひとつ。

刑事訴訟法第四三五条の第六号では、再審は、無罪をいいわたすような「明らかな証拠をあらたに発見したとき」に、開くことができることになっている。

明白で新しい証拠。しかも無罪を言い渡すべきというほどの強力な証拠。

第一、二、三審と争ってきたなかで、ほとんどあらゆる証拠が出尽くしている。無罪が明々白々な新しい証拠など見つけようもない。それこそ、隠れていた真犯人が登場でもしてこない限り、むりなことだ。

斎藤幸夫死刑囚の場合は、思いがけないところから、その僥倖《ぎようこう》がおとずれた。

一九七六（昭和五十一）年、仙台地裁で再び二度めの再審請求の審理が始まろうとしていたとき、ひょんなものが見つかった。

確定記録と再審記録の通し番号に、欠落のあることがわかったのだ。

確定記録の「21冊の8」と第一次再審記録の「21冊の15」のあいだが抜け落ちているのである。

裁判所は検察庁に、その六冊の提出命令を出した。

すると、これまでのどの裁判にも出されなかった「不提出記録」が存在していたのだ。

三六三点にのぼる証拠は、まったく〝新規な〟証拠であり、そのなかには重大な、そして〝明白な〟証拠が埋もれていた。

そのひとつは、斎藤容疑者をそそのかしたT・Kが警察官に供述した調書だ。

斎藤はこれまで、自分が自白した理由としてT・Kの誘導をあげていたが、それを立証できなかった。ところが、T・Kの調書のなかには、その材料があったのである。

「十二月七日の頃 斎藤は俺はやらないと言っておりました

私は、やらないならやらないで裁判所に行ってから本当のことを言えばいいと言ってやりました」

そこには、斎藤を追いこむ経過が詳細に記されていた。

さらに、決定的な証拠が顔を出した。

斎藤有罪の唯一の物証である血痕付着の掛け布団。その血痕を鑑識官が鑑定した、押収直後の鑑定書である。日付は事件から二カ月後の十二月二十三日。

襟あてには、「人血が附着していないものと認める」

押収直後には、やはり血痕はついていなかった。しかし、その後の鑑定では、八〇以上もの血痕がついていた。

このことは、いったい何を意味するのだろう。

それは、証拠の捏造ということである。

また、被害者の血液とおなじ血液型であるとの鑑定もまちがいであることが科学的に立証された。

一九七九（昭和五十四）年十二月六日。奇しくも、斎藤容疑者がいったん自白して法廷で真実を明らかにさせようと、警察で涙をのんだのとちょうどおなじ日に、再審を開始するという裁判所の決定がようやく出た。

再審が開かれ無罪の判決が出たのは、それから五年後、自白を崩すのに二九年もの歳月がかかったのである。

五十三歳になっていた斎藤幸夫氏は即座に釈放され、裁判所の表に出てきて、突き出されたマイクに噛みつくように、こういった。

「ただいま死刑台から生還してまいりました。ありがとうございました」

危ういところだった。死刑判決が確定した一九六一（昭和三十六）年三月から翌年三月の初めての再審請求のあいだに、死刑が執行されていたかもしれなかったのだ。

冤罪事件では、ようやく無実を晴らしたのに、陰で「ほんとうはやっているのに、裁判でうまくやったんじゃないの」「弁護士が優秀だったんじゃないの」とか「二九年もたっているんじゃ証拠もなにもメチャメチャでしょ、有罪の証拠も残ってないんじゃないの」

などという心ない声をよく耳にする。

しかし、この松山事件の場合、科学的にきちんと無罪が立証され、誤判であることが明らかになったのである。

無実の男に死刑判決を下した「自白調書」の恐怖

死刑執行後に真犯人が自白した警官刺殺事件

死刑の存廃問題を考えるとき、この誤判の可能性の問題が、ひとつの大きなポイントとなる。

- 死刑制度が凶悪犯罪の抑止力になっているかどうか
- 死刑は残虐かどうか
- 被害者感情
- 世論

というポイントと並んで、この誤判の危険性の問題は避けて通れない。

誤判の結果、死刑が執行されてしまった場合、損害の回復は絶対に不可能となる。

この理由で、古くは明治三十年代から、しばしば帝国議会に死刑廃止法案や刑法の改正法案が提出され、論議されている。

「誤判を発見したる場合に於て絶対に救済回復の道なしと云うことは死刑其物の一大欠点として何人もまた異議なき所にして流石《さすが》死刑を維持せんと欲する所の物もこの欠点についてはいくんど一言の辞なき所なり」(一九〇二年『刑法改正案ノ二眼目』小河滋二郎)

「人間は不完全の者なれば往々誤判のあるを免れず、誤判によりて死に致す如何にして之を取り返し得べき」(『留岡幸助著作集 第一巻』)

これに対して、死刑制度は存置すべきという側の反論の代表はこうだ。

「幸いなことに、わが刑法始まって以来、誤って死刑を執行して後にそれが再審で無実であったことはなかったことを申し上げたいと思います」(一九七五・一一・二〇 参議院法務委員会での安原美穂法務省刑事局長の発言)

しかし、こんな事例もある。

「前原千代松巡査は、明治十三年一月一日群馬県勢多郡東村大字小夜戸に生まれた。明治三十年八月二十五日群馬県巡査を拝命し、藤岡警察署に配置され、吉井町下町駐在所勤務を命ぜられた。性格は温和・誠実・協調的で、上司・同僚から深く信頼されていた。

明治三十七年十二月二日夜、前原巡査は受持区内の吉井町字上町地内を警ら中、たまたま挙動不審な二人の男を発見し呼び止めた。すると、二人の男はいきなり逃げ出したので、前原巡査はこれを追跡しその一人を捕らえたところ、他の一人が仲間を救うため引き返し短刀を振るって前原巡査に切りかかってきた。

前原巡査は、片手で一人の賊の着衣を捕らえ、片手で十手を振るって応戦したが、衆寡敵せず激闘数分にして肺部貫通の刺創を含む二七の刺切創を受けるに至った」（『群馬県警察史　第一巻』）

急報を受けて駆けつけた巡査部長に状況を説明し、まもなく絶命した。享年二十四歳。

犯人の川村幸次郎、その次男の幸太郎、服部光次郎の三人は、同僚の必死の捜査によって数カ月のうちに逮捕され、一九〇五（明治三十八）年五月二十六日、幸次郎と光次郎の二人は前橋地裁で死刑の判決を受け、確定後の再審請求も棄却されて死刑が執行された。

ところが、その後、別件で逮捕され取調べられていた者が、あの巡査殺しの犯人は実は沢辺長吉と小林こまだと供述した。

長吉も自分が犯人であると自白したが、こまはすでに死亡していた（『〝大冤罪〟死刑後、犯人出づ』佐藤清彦）。

死刑囚の短歌に残された連日連夜の苛酷な取調べ

冤罪を訴えて、それを晴らすことができないまま世を去るほど無惨なことはないだろう。

戦後の著名な例としては、153ページの帝銀事件があるが、平沢貞通死刑囚に次ぐ長期の拘置（三五年）で、やはり獄中で無念な想いを抱いたまま生涯を終えた歌人がいる。

　わが夢に冥《くら》き翳《かげ》なし妻よ子よ
　　神を信じて夢まどかなれ

「祝田は君が殺した」と極めつける
　刑事の面《おも》に不安ただよふ

筆名「松葉雅人」。日本歌人クラブの会員で、昭和四年ごろから活動、短歌の世界では評価が定まっていた。

本名は佐藤誠。電気工学を専攻し、電気工業会の副会長までした人物で、現在どこの家庭にもある「乾燥装置つき自動電気洗濯機」の、わが国最初の発明者でもある。

この佐藤容疑者が突然、ピストル強盗、殺人の主犯とされたのである。
三鷹市牟礼で白骨死体が発見されたので、通称「牟礼事件」と呼ばれる。

往生際の悪い野郎だこの上は
　軀《からだ》に訊くと刑事うそぶく
潔白の身には何をか怖るべき
　刑事の拳《こぶし》の下に眼を閉づ
真実のくもり易きを思はせて
　澄み冴えにけり秋の夜の月
犯行をただ認めろと卓叩く
　刑事の暴戻《ぼうれい》つづく密室
陽のささぬ地下調室に怒鳴りつつ
　腕振り上げたり無頼の刑事は

連日連夜の苛酷な取調べにも、ついに佐藤容疑者は屈することなく、否認を貫き通した。
しかし、たいていの被疑者は屈服して、自白調書ができあがる。

通常の感覚からして非常に不思議なのは、この自白調書だ。「松山事件」のように、苦しまぎれに裁判でほんとうのことをいえばいいと考えて自白したにしても、なぜ知りもしない現場や犯行について語ることができるのかという疑問である。

その謎を解くには、「仁保《にほ》事件」の録音テープを聞いてみるのがいい。事件の取調べを逐一録音したテープが残っているのだ。

一家六人皆殺し「仁保事件」の取調べ現場の録音テープ

一九四九（昭和二十九）年十月二十六日、山口県のJR山口線仁保駅から東北へ二キロ行った仁保中郷、山間に一三戸の農家が点在するその牧川部落で、一家六人皆殺しという惨劇が起こった。

主人（四十九歳）、妻（四十二歳）、母（七十七歳）、長男（十五歳）、次男一吉（十三歳）、三男実（十一歳）の六人が、障子一枚を境とする寝室で頭部や顔面を鈍器で乱打され、頭部や胸部を鋭利な刃物で刺され殺害されていたのだ。

現場には、凶行に使われた唐鍬と包丁、血痕のついた地下足袋（一〇文七分）の足跡、荒縄一本が残されていた。

鏡台の抽き出しを一五センチくらい開け、なかをかきまわした形跡があり、黒のナイロン製でチャックのついた財布が投げ出されていた。

土間には、なぜか一握りの白米が散らばっていた。

山口署の捜査は決め手となるものがなく難航し、きびしい世論の追及にメンツをたてねばならぬ苦境に立たされていった。

凶器が二種類、被害者の数の多さから犯人は複数との見方があったが、単独犯の線も捨てきれずに動揺、十一月に入ると捜査は振り出しに戻り、物盗り目的の単独犯行という捜査方針をとるにいたる。

十二月二十四日には、この事件の最初の発見者である隣家のSが容疑者として逮捕された。

「否認するだろうが、確信がある」と捜査本部がいっていたにもかかわらず、拘置期限の切れたところで釈放、事件は迷宮入りかとささやかれ、当局の手落ちを糾弾する声がいっそう高くなっていった。

岡部保元警官は当時、大阪の釜ケ崎に住み、建築現場を転々とする身の上だったが、一旗あげようと郷里の仁保をあとにしていたのだった。

捜査本部は、郷里を離れている岡部容疑者の過去を総力をあげて洗い出し、二年前の住居侵入・窃盗を見つけて、大阪の所在を追った。

連行した山口署では特別の取調べ室を設け、外にバリケードをつくって内部のようすがわからないようにした。

たまたま向かいの宿直室にいた別の事件の参考人が、バリケードのなかから「アイタタタタ」という声を聞いたと、あとになって証言している。

なかでは、正面に主任警部、両側に部長刑事と若い刑事たちが陣取り、岡部容疑者をとり囲むように坐っていた。

取調べのもようは、隣の部屋で逐一録音されていた。

厳しく追及する二人の刑事と息苦しげな容疑者

刑事たちの追及は厳しく、まずは被害者・山根宅への侵入経路をいわせようと執拗に迫る。

刑事A「どこから入ったの、山根へは、エ。自然とあのときのことが浮かんでくるじゃろう、それを話せ。話したら判るんだ」

岡部容疑者は沈黙をつづけている。

刑事B「岡部君、岡部君」
刑事A「(穏やかな調子で) どこから入ったか、なかに入ったの、どこから、ウン?」
生唾をのみこむような音がする。
刑事B「一気に話しなさい、もう一息だよ。君が言うことによって、ズッと光明がさしてくるだろう、ウン、光明がさしてきよる。仏が、仏がズーと君を、光明をさしてきよる」
刑事A「ささやきが聞こえるじゃろう、仏の、静かに目をつぶってみい、ノウ」
静かな調子だが、執拗に迫っている。
別件の取調べから本件の強盗殺人まで一五〇日間、弁護士にも面会できないという状態がつづいた。
あるときは座禅まで強要される。
刑事A「座禅を組みなさい、君も、ウン」
岡部「座禅組むの待ってて、ちょっと」
刑事A「お互いに、お互いに組みましょう一緒に。そしたら統一ができる、精神の統一が出来る」
岡部「いや……(深い溜息)……主任さん、座禅組んだらあかんて」

刑事A「なぜ、なぜ。無我の境に入りなさい、その精神にならなくちゃいけない」

仕方なく岡部容疑者も組んだもようである。

事件になんら関連のないやりとりだが、相手のいうなりになるかどうかの攻防戦なのである。

岡部容疑者は必死に抵抗して、しだいに荒い息使いになっていく。

刑事A「親の気持ちになれ」

刑事B「ノウ」

刑事A「僕を親と、親と思いなさい。すがりつく気持ちになりなさい」

刑事B「ネエ」

岡部容疑者の荒い息づかい。

岡部「あんなァ。（ハアハア）あんなァ、（ハアハア）……」

刑事B「足が痛いか」

刑事A「もう話されんようになったか、ウン？」

岡部「（烈しい息づかいになる）」

刑事B「苦しいか、頑張らにゃいけんで」

岡部「苦しい……」

刑事B「ノウ。手を、わしを、つかもう、手をかしてみい、手を、ウン？」
岡部容疑者は懸命にこらえているようである。
容疑者の息の烈しさに比べて刑事二人のもの言いは淡々として、手に入れた獲物にとどめをさすタイミングをそっとうかがっているかのようである。
刑事A「意気地のないことじゃいけん」

食事も睡眠も供述の内容しだい

自白を得るための取調べ官の技術を解説した『尋問の技術と自白』という本のなかに、「被疑者に対し、誰でも同様な状況や環境におかれたら、やはり同じことをやったかもしれない、と同情を示すこと」
とあるが、仁保事件の取調べ官もまさにそのテクニックを使う。
刑事A「お前の気持ちはわかる。お前がそういうふうになったのもわかる」
刑事B「ノウ」
刑事A「君だけの罪ではない。社会の罪だ、これは。それがわかるんだ、俺は」
岡部「(速い呼吸)」

刑事A「ええか岡部、わかるんだよ、これが。君だけの罪ではない、社会の罪だ、いいか」

刑事B「どうだ、わかったか」

家族も自白を望んでいる、そういって迫るのも尋問のテクニックのひとつだ。

岡部「ばあさんもじいさんも元気なですかい」

刑事A「うん、元気なよ。それはノウ、元気な」

刑事B「それも一日も早ようねエ、早ようねえ、償いをしなさい言うて」

刑事A「言いよってんじゃから、ノウ。一日も早よう、お前がお話して（大変なことではないような雰囲気に柔らげている）くれるよう……」

刑事B「泣いて頼まれるよ」

刑事A「ノウ」

食事も睡眠も供述の内容しだいだったと、岡部容疑者はのちに語っている。

「正座してて、十二月ごろになるとシラミはわくし、小便は垂れ流しでズボンもガバガバ。殴られて歯ぐきに血が出よったけれども、そげな拷問とか、やったとかやらんとかの押し問答とかより、一番困ったのは、一〇日か二〇日すぎるころになるとハア、のどがガラガラになる。すると目の前で係官がお茶を飲むン、アーうめェ、アーうめェって飲むン。わしがタッと取ろうと手を出すと、サッとかわす。殺したと言ったら飲ます、殺したと言ったら飲ますって」

こうしてついに岡部容疑者は口を開く。

取調べ官との共同製作でつくられていく自白調書

事件の詳細についてはいえないまでも、大阪をたったときのことは語れる。以前に何度か郷里に戻ったときのことを思い出しながら、想像をめぐらせて話していく。土産ものを買ったのも昔の記憶である。

刑事A「大阪を出るときは、どげな出《いで》たちゅうけエノウ」

岡部「大阪、大阪はなんにノウ、うちへ帰ろう思うて、いっぺんうちへ帰ってみよう思うて」

岡部容疑者の声は、諦めたような覚悟を決めたような低い一本調子の声に変わっている。

刑事B「うん。そいで？」

岡部「ありゃ何ですいノウ、うちへ帰ろう思うてホルモン、自分が食うのに五〇円買うて、へいから三〇〇匁《もんめ》ほど親父におみやげ、安いから、買うて」

刑事B「そいから、なに？」
岡部「一五〇円で朝鮮焼酎買うて、西成で、ありゃ買うた」
しかし、一部始終現実と符合するように供述するのは、容易ではない。
取調べ官の顔を読み、ヒントに答え、取調べ官との共同製作で自白を積みあげていく。
たとえ一日のズレでもまずい。
刑事C「ずっとあんた、よう考えてくれにゃいけんが。日にちにくい違いがありゃせんか」
刑事A「日にちが結局、あんたのはちょっとくい違いがあるわな。それは分かったろ、な、分かったろう、ノ。大阪出る日も、パチンコに勝ったあくる日やからね、そやろ、うん」
岡部「（荒い息、小さい声で）分かった……」

裁判所は自白調書を信用して死刑の判決

こんな攻防が連日連夜、約五カ月ものあいだつづいたのである。
そうして、できあがった自白。裁判所は一審、二審とも、この自白は任意にされたものと認定した。

法廷に立った取調べの警察官が、「岡部みずから真実を述べたいから調書をとってもらいたい旨申し出た」と証言するのを裁判所は信用してしまった。

こうして一、二審とも死刑の判決が下ったのである。

この事件はその後、最高裁が差し戻し、第二次控訴審で逆転、無罪釈放となって救済されたからよかったようなものの、こういった自白だけに頼って、死刑の判決を下したケースは数多く見られるのだ。

誤判の原因には見込み捜査、別件逮捕勾留、松山事件のそのかしがあった代用監獄としての警察の留置場の問題、自白の偏重すなわち客観的捜査の軽視など、いろいろあり、さらに前提的に裁判官の捜査機関に対する信頼感がある。

公的機関にあって法治に携わる市民の代理人であるべき検事や警察官が、無実の者を罪に陥れるような不正をおかすはずがないという裁判官の強い信頼があり、一方に被告人に対する理由のない不信感があることも、誤判を生みやすくしている。

人間の行なう裁判である以上、限界がある。逆にその危険性を前提にして、刑罰、死刑制度は考えられねばならないのではないか。

死なずにすんだかもしれない死刑囚の謎

冤罪の可能性が高かった「飯塚事件」

〈真実は再審にて、この暗闇を照らすであろうことを信じて疑わない。真実は無実であり、これはなんら揺らぐことはない〉

死刑廃止を目指す市民団体「死刑廃止国際条約の批准を求めるフォーラム90」は二〇〇八年の夏、全国の死刑囚一〇五人にアンケート調査を行なった。先の文章は当時、福岡拘置所に収容されていた久間《くま》三千年《みちとし》がアンケートに応じ、「今、一番訴えたいこと」として綴った手記の一節だ。

久間は当時、再審請求を準備中だった。再審で無罪判決を勝ち取ることに強い意欲と自信をもっていたという。

だが、それは実現しなかった。

この文章を書いた日から八十日余り経った二〇〇八年十月二十八日、法務大臣・森英介の発した死刑執行命令により、「飯塚事件」で殺人罪に問われていた久間三千年は絞首刑に処された。

一九九二年二月二十日、福岡県飯塚市の小学一年の女児二人（いずれも当時七歳）が行方不明になり、同県甘木市（現朝倉市）の山中を走る国道沿いの崖下で、ともに遺体となって見つかった。首を絞められたのが死因だった。

二人とも上衣は身につけていたが、パンツは脱がされ下半身が露出していた。ついで二十二日には、遺体発見現場から三キロの頂上方面に上った国道沿いから五メートルの山中で、二人のランドセルとパンツ、靴下などの衣類が発見された。

この事件から二年七カ月後の一九九四年九月、県警は久間三千年を死体遺棄容疑で逮捕、同年十月には殺人容疑で再逮捕した。この間、久間は一貫して否認し、公判では「絶対にやっておりません。いずれもまったく身に覚えのないことです」と無罪を主張した。

しかし、福岡地裁は九九年九月に死刑を言い渡し、最高裁が二〇〇六年九月に上告を棄却。再審請求を準備していた〇八年十月に死刑が執行されたのである。

二〇〇九年十月には久間の妻が再審請求。一四年三月に福岡地裁が請求を棄却したため弁護側が即時抗告した。死刑執行後に再審開始決定が出た例はなく、福岡高裁の判断が注目されていた。この再審請求即時抗告審で、福岡高裁（岡田信裁判長）は一八年二月六日、請求を棄却した福岡地裁決定を支持し、弁護側の即時抗告を棄却した。弁護側は決定を不服として、一週間後、最高裁に特別抗告した。

久間を犯人と断定した八個の情況証拠とは

久間を犯人とする直接証拠は何もなかった。したがって、有罪認定は情況証拠の積み重ねによって行なわれた。

①ランドセルや衣類が見つかった八丁峠の道路で、二十日午前十一時五分頃、久間が所有するワゴン車と同じような車を見たという目撃証言

②登校途中の幼女二人が最後に目撃された場所付近で、午前八時三十分頃、久間所有のワゴン車と同じような車を見たという目撃証言

③久間が、幼女二人の通う小学校近くに住んでいて、現場の土地勘があるなど、本件犯人像と矛盾しないこと

以上の三点を、確定判決は「被告人を本件犯人と仮定するに足る事実」とし、「それを超えて本件犯人であると断定できるかどうかはひとえに以下の情況証拠の検討にかかって

いる」として、次の五項目をあげている。

④幼女のスカートなどに付着した繊維片が、久間のワゴン車のシートに使用されている繊維と類似しているとする専門家の鑑定

⑤久間のワゴン車座席シートから、被害者の一人と同じ血液型O型の血痕が見つかり、人の尿反応（血液型不明）も見られたこと

⑥幼女の遺体などに付着した血液に、犯人のものとされるB型血液の混合が認められたという鑑定（久間の血液型もB型）。さらにDNA型鑑定の「MCT118型」検査で、遺体付着の血液からは被害者のものではない16―26型が検出され、これが久間の型と同じとされたこと

⑦久間は事件前に陰茎から出血しやすい亀頭包皮炎という病気にかかっていたことが認められ、久間が犯人であった場合には、被害者に犯人由来の血液が付着していることを合理的に説明できる、とされたこと

⑧久間にアリバイが成立しない、とみとめられること

これらの情況証拠のうち、③土地勘と⑧アリバイなしは、かなり弱い証拠といえる。土

地勘をもつ人は大勢いるし、アリバイについては犯人と結びつけるには積極的材料となり得ないからだ。

また、④の繊維鑑定はほかの多数の車種に同様の繊維をもつシートが使われていた場合には、ほとんど意味をなさない。

⑦の病気について、久間本人は事件当時にはすでに治癒していたと主張している。仮に治癒していなかったとしても、⑥の血液型、DNA型が認められて初めて意味をもつものである。

目撃証言に信憑性はあったのか

情況証拠の①にあげられている目撃証言とは、一九九二年三月九日付員面調書に始まるT氏の供述である。このT氏の目撃証言は、常識では考えられないほど詳細なものだった。

福岡県警のO捜査員が聞き取ったというその内容はこうである。

「こんなカーブの所に駐車しているなんて迷惑だなと思って」見たという。

そして「車はワゴン車でトヨタやニッサンではない、車体は紺色、車体にラインは入っていなくて後輪はダブルタイヤだった。タイヤのホイルキャップに黒いラインがあり、窓ガラスは黒く、中は見えなかったので、フィルムを貼っていたのではないかと思う」「私はこの駐車車両は右斜め前、右横、右斜め後ろから見ています」と証言し、そのときに目撃した人物については「この車に向かって右側の雑木林から男が出てきて、私の車の方を見るや、あわてたようで前かがみにすべったようでした」と話している。さらに目撃した男は頭の前に禿があり、髪が長めで分けていた。白いカッターシャツにボタンでとめる薄茶色の毛糸みたいなチョッキを着ていた、ともしている。

また、「自分にも小学校一年生の娘がいるので、特にこの事件に関心を持っていますので、車を見たときの状況を覚えているのです」と述べている。

被害者の遺留品が見つかった場所で目撃されたワゴン車と人物の特徴が一致したことで、久間が捜査線上に浮上したが、一瞬、車ですれ違っただけのその目撃談は、日を追うごとに詳しくなっていったのだ。

再審の請求一審段階で、弁護団がT氏の証言を入手する過程を明らかにするよう求めたところ、事件から十一日後の三月二日付捜査報告書では「紺色のワゴン車一台と同車両から一人の男が乗り降りしていた」という内容だったが、同四日午前には「普通車の紺色ワゴン車、後ろタイヤがダブル、車はやや古い」と記載されている。同四日午後に作成された報告書には「紺色のボンゴ車、車内は見えなかったので、ガラスに何か貼っていたのだと思う」と記載され、ボンゴ車という表現が登場している。

この証言に基づき、「前記車両につき捜査したところ、ボンゴのダブルタイヤはマツダ」として四種類のマツダ車の形式が記載されることとなったが、久間の車であるステーションワゴン・ウエストコーストがまさしく記載に該当する車だった。

本来のマツダ・ウエストコーストには黄色、オレンジ色と銀色の特徴的なラインがつけられている。久間はこの派手な黄色とオレンジ色のラインを剝がし、銀色のラインが残った状態で乗っていた。T氏は「車体にはラインが入っていない」と語っているが、久間の車には、銀色の細いラインが入っている。一見して「ラインが入っていない車」とはいえない。この銀色のラインが残った状態の車を目撃したT氏であるが、もし、黄色とオレンジのラインの存在を知らなければ、銀色のラインを無視して「ラインはなかった」という証言はできないのではないだろうか。

さらに十月十五日付捜査報告書によると、三月九日付の目撃証言調書を作成したO捜査員はその二日前の七日に久間の車を見分している。

これらのことから弁護側は「すでに久間を重要参考人と特定し、T氏の証言は誘導された」としたが、福岡地裁は「T氏の証言がO捜査官によって誘導された可能性はまったく存在しない」として、弁護側の主張を退け、請求を却下した。

T氏の目撃証言にはほかにも不可解な点が多い。

目撃現場は山中の急カーブ。T氏は、下りカーブを時速二五〜三〇キロで運転しながら、対向車線側の道路脇に駐車した車両や人物を十秒足らずの間に詳しく確認したことになる。二〇一〇年二月十九日、日本大学文理学部心理学研究室の厳島行雄教授は目撃されたとされる場所を利用して、三〇名の実験参加者によるフィールド実験を行ない、T氏の視認状況を再現することを試みた。その結果、T氏のように詳細を報告できるものは一人もいなかった。

さらにT氏が「自分にも小学校一年生の娘がいるので、特にこの事件に関心をもっていますので、車を見たときの状況を覚えているのです」と供述している点にも疑問が残る。T氏が八丁峠で車両を目撃したのは二十日午前十一時五分頃で、まだ「この事件」は発覚していない。二人の遺体が発見されるのは、翌二十一日の正午過ぎのことなのである。

血液・DNA鑑定は正しかったのか

被害者の遺体から見つかった血液によって血液型とDNA型が判明したが、それが久間のものと一致したこと。これが有罪判決の何よりの決め手とされた。

久間の車内座席から検出された血痕の血液型が被害者の一人と一致したという証拠があげられたが、弁護団は「血痕の血液型は久間氏の家族とも一致する」と主張している。

また当初、遺体から発見された血液は被害者と犯人の混合血液で、警察はこれをＢ型と断定。久間の血液型もＢ型だ。

しかし、弁護団の鑑定ではＡＢ型だという結果が出たのだ。

情況証拠のなかで最も有力とされたのがＤＮＡ型鑑定である。「ＭＣＴ１１８型」と呼ばれる鑑定手法で、一九九二年に警察庁科学警察研究所（科警研）が実施した。遺体のそばに付着した血液などから採取したＤＮＡを鑑定した結果、犯人のものと見られる型と久間が任意提出した毛髪から採取した型が一致したとされた。

実はこの「ＭＣＴ１１８型」と呼ばれる鑑定手法は、栃木県で発生した「足利事件」のＤＮＡ鑑定でも同じ科警研が使っていた。

「足利事件」とは一九九〇年五月十二日、栃木県足利市にあるパチンコ店の駐車場から女児が行方不明になり、翌十三日朝、近くの渡良瀬川の河川敷で、女児の遺体が発見された、殺人・死体遺棄事件である。

事件翌年の一九九一年、事件と無関係だった菅家《すがや》利和《としかず》が、被疑者として逮捕・起訴された。菅家は、刑事裁判で有罪（無期懲役刑）が確定し、服役していたが、遺留物のＤＮＡ

型が、二〇〇九年五月の再鑑定の結果、菅家のものと一致しないことが判明し、菅家は無実の冤罪被害者だったことが明らかとなった。

服役中だった菅家はただちに釈放され、その後の再審で無罪が確定した。菅家の無罪が確定するまでの間、長らく日本弁護士連合会が再審を支援していた。また、真犯人が検挙されず、公訴時効が完成した未解決事件でもある。

当時、新聞は「四十五歳の元運転手、DNA鑑定で一致」「足利の幼女殺害、元保育園運転手を逮捕、DNA一致で自供」「スゴ腕DNA鑑定、一〇〇万人から一人絞りこむ能力」とDNA鑑定を礼賛する記事で埋め尽くされた。

菅谷のDNA再鑑定が認められたのは二〇〇八年十二月二十四日。久間の死刑が執行されたのは、同年十月二十八日だが、足利事件の再鑑定決定に関する報道はすでに十月十六日からなされていた。

つまり、法務省は、同一方法、同一機関で行なわれていた「MCT118型」鑑定に誤りがある可能性を知っていたのではないか。

特に飯塚事件の「MCT118型」は、問題点が多い。分析の目盛りとなる123ラダーマーカーに欠陥がある、電気泳動像のバンドの幅が広く型の判定が容易にできない、現場で採取した試料と被告人から採取した試料を同時に電気泳動させていないなど、鑑定精度の信憑性が疑われる。

また科警研は、鑑定試料を多量に消費し、再鑑定が不可能と主張したなど不可解な問題点が浮上した。

一九九七年三月五日の第二七回公判には、女児の遺体などに付いていた体液を鑑定したDNA鑑定の専門家、帝京大名誉教授（法医学）の石山昱夫教授が検察側、弁護側双方の申請で証人として出廷した。

検察側が有罪立証の有力証拠としている二種類の方法でDNA鑑定を行ない、「いずれも複数試料のDNA型が久間被告と一致した」という内容の科警研の鑑定結果について、科警研と異なる二つの方法で行なった同教授の「被告と一致するDNA型は検出されなかった」との鑑定結果を報告し、科警研鑑定について「同じ試料で、一方の方法では被告と同じDNA型が検出されているが、もう一つの方法では出ているとはいえない」とし、「結果に整合性がない」と指摘したうえで、被告と同じDNA型が出た方の鑑定方法についても、写真などから「技術的なレベルが低く、正確な型の判定は難しい」「疑問視せざるを得ない」と証言し、信用性に疑問を投げかけた。

石山教授は「当時の科警研の鑑定はずさん。警察が持ってきた試料（血液）は、糸くずにほんの少しくっついた程度の微量。しかも緑に変色して腐っていた。ミトコンドリアの

ＤＮＡ鑑定をしたが、女児二人の型だけで、久間の型は検出できなかった。もともと試料は大量にあったのに、鑑定技術が未熟だから、科警研はムダに使い切った。こんな鑑定は通用しない」と法廷で証言している。

さらに二〇一三年の再審請求審においては筑波大の本田克也教授（法医学）が出廷し、主に検察側からの質問に答えている。

本田教授は二〇一二年、弁護団の依頼で有罪の証拠の一つとなったＤＮＡ型鑑定に使われたネガフィルムを解析。「久間三千年元死刑囚とは異なるＤＮＡ型がネガにあり、真犯人の型の可能性がある」とする鑑定書を地裁に提出した。裁判では証拠として提出されたＤＮＡ型鑑定のネガフィルムが意図的に切り取られており、カットされた部分には久間でも被害者でもないまったく別のＤＮＡが存在していたことが明らかになっている。そのうえ、弁護団側が行なった再鑑定でも、犯人と久間のＤＮＡ型は一致しなかった。

絶対的証拠だったはずのＤＮＡ型鑑定が間違っていた可能性だけでなく、意図的な捏造疑惑が浮上している飯塚事件。死刑執行後の二〇〇九年、久間の妻が異例の再審請求を行なったが、一四年に福岡地裁はそれを棄却。その理由は次のようなものだった。

「（ＤＮＡ鑑定は）『鑑定結果を直ちに有罪認定の根拠とすることはできない』として、事実上、証拠から排除したのである」

「それでも裁判所はDNA鑑定を排除しても、それ以外の状況証拠で判決は正しかったと結論づけた」

決定打とされたDNA型鑑定は証拠から外すが、再審は行なわない——ということである。久間の妻は「最初はDNA鑑定が一致したとして逮捕されたのだから、そのDNA鑑定が一致していないということであれば、これは犯人でないということなんですよね。だから、そこがすごくおかしいと思いました」と強く怒りを訴えている。

冤罪が強く疑われながら死刑が執行されてしまった「飯塚事件」の再審請求は二〇一八年二月六日に棄却されたが、弁護団は同二月十三日に最高裁に特別抗告した。

確定から二年で執行された死刑

刑事訴訟法では死刑確定後六カ月以内に執行となっているが、現実は、死刑確定から死刑執行まで平均七年半ほどの猶予がある。本人もそれを強く望んだという池田小事件の宅間死刑囚の一年未満という早期執行は例外中の例外である。また、法的に義務はないが、再審請求が出されている死刑囚は執行から除外する運用がなされている。

しかし、久間の死刑は判決からわずか二年後に執行された。

「飯塚事件」弁護団共同代表の徳田靖之弁護士は、主任弁護人の岩田務弁護士とともに最後に面会したときの模様を語っている。

死刑確定から二年経っていたので、二人の弁護士は「早く再審請求しなければ、死刑を執行されてしまうのでは」と焦っていたという。しかし、久間はニコニコしながら、「大丈夫ですよ」と言った。

久間はこのとき、死刑が確定した人のリストをつくっていて、「自分より先に死刑が確定して執行されていない人がまだこんなにいますから」と見せた。それでも、「とにかく早く再審請求をしよう」と話をして別れたのだが、それから一カ月余後、二〇〇八年十月、久間の死刑は執行された。

折りしも足利事件の犯人として無期懲役が確定していた菅家利和の冤罪報道キャンペーンが開始され、同十二月十九日に東京高裁が足利事件のDNA型再鑑定を行なうことを決定した時期である。

もし、久間の無実が明らかになったときには、国が無辜《むこ》の国民の生命を奪ったことになり、死刑制度そのものの存在意義が問われることは必至である。

死刑制度はいつまでつづくのか

誤判・冤罪事件に巻きこまれ、死刑判決を受けた者の胸中や叫びは、想像するにも、あまりにも深い悲しみがある。

その怒りや悲しみは、第三者に測り知れないものなのかもしれない。犯罪によって故なく近親者の命を奪われた被害者の悲しみと憤りも、共通する心情としてある。

米国連邦最高裁判所では「被害者感情は客観的に証明できないものである」という理由で、被害者感情を死刑裁定の理由とすることに違憲の判決を下しているが、日本においては、前に述べたように被害者感情が量刑算定のひとつとして取り上げられている。

「もし自分が被害者の家族だったら、どう思うのか」という疑問は、いつもつきまとってくる。とくに犯罪の外形的な部分を強調し、残虐性を印象づけるような犯罪報道が増えつつある現代では、その情報を受け取る者の思考を閉じこめるような傾向はないのだろうか。

死刑問題を「他者の命を奪うことに対しては自らの命も差し出さなければならない」という観点からのみ論じてしまえば、そこには復讐と応報の感情しか残らないだろう。

しかし、多くの刑法学者は「罰すること自体に意味を見いだす絶対的応報」として死刑をとらえているわけではない。死刑存置論を支える根拠に、その抑止力をあげている。

死刑の存在自体が「死刑に相当するような犯罪を犯そうとするものを思い止まらせるだけの力を持っている」あるいは「犯罪の凶悪性について人々が認識する、いわゆる〝教化〟的な意識を与える」というものだ。

しかし、それが本当に有効かどうか、死刑廃止国と存置国を比較するにも、その文化、宗教など、背景が多岐にわたるので簡単にはできない。ところが、おなじ国内でも、死刑を行なう州と廃止している州のあるアメリカを見るとどうか。アメリカにおいては、死刑制度が平均の殺人率になんら影響を与えていないという。

死刑が終身刑より大きな抑止力をもつか否かについては、科学的には証明できず、今後もこの種の立証は難しいと思われる。

こうなると、純粋な抑止力の主張は根拠を失い、勢い応報的要素を考慮する傾向が強くなってくるのだが、死刑に相当するような犯罪を犯したものが、実際に刑に処せられたとき、本当に被害者の遺族の心は救われるのだろうか。

アメリカで肉親や親族を殺された遺族の団体を組織しているマリエッタ・イェーガーは、自身も七歳になる愛児を殺害されるという悲惨な経験をしているが、一九八九年に来日したとき、つぎのような言葉を残している。

「仕返しのために人を殺しても私の娘は取り戻せません。殺すことが正当な報復だという意見は、娘のはかりしれない価値をおとしめるものです。むしろ、私は、すべての命は貴いものであり、守る価値のあるものだと主張することによって娘の命を尊重したい」

もちろん、誰もがこのように考えられるものではないし、こうした考え方に異議を唱える人もあるだろう。

しかし、被害者の遺族の心の救いも含めて、私たちはもっと積極的に死刑問題を考えなければならないのではないだろうか。

そのためには、どのような情報がどの程度開かれているかが重要な鍵となってくる。

〈参考文献〉

『57人の死刑囚』 大塚公子 角川書店
『《いわれなき罪に問われて》白きいのち』 佐藤誠 合同出版
『処刑前夜 死刑囚のうたえる』 北山河・北さより編 光文社
『刑事裁判資料 第五十六号（上）』 最高裁判所事務総局
『死刑囚からあなたへ』 日本死刑囚会議・麦の会 インパクト出版会
『手錠の重み』 佐藤和友 非売品
『免田栄獄中記』 免田栄 社会思想社
『訣別の章 大久保清さん獄中手記』 大島英三郎編 黒色戦線社
『死刑を考える 平成7年度関弁連シンポジウム 報告書』 関東弁護士会連合会
『さかうらみの人生 死刑囚孫斗八の生涯』 丸山友岐子 三一書房
『戦後死刑囚列伝』 村野薫 洋泉社
『ヒューマン・ライツ・ウォッチ・レポート 監獄における人権／日本〈1995年〉』 刑事立法研究会訳 現代人文社
『死刑囚の記録』 加賀乙彦 中公新書
『歌集 十三の階段』 福島誠一 土偶短歌会
『死刑執行』 村野薫 東京法経学院出版
『あの死刑囚の最後の瞬間』 大塚公子 ライブ出版
『一死刑囚への祈り 歌人・島秋人の生涯』 児島桂子 修道社
『冤罪はこうして作られる』 小田中聰樹 講談社現代新書

『〝大冤罪〟死刑後、犯人出づ』　佐藤清彦　クオリティ
『人権の壁』　津田騰三　新小説社
『日本の死刑』　村野薫　柘植書房
『尊属殺人が消えた日』　谷口優子　筑摩書房
『そして、死刑は執行された』　合田士郎　恒友出版
『明治百話（上）』　篠田鉱造　岩波文庫
『叫びたし寒満月の割れるほど』　古川泰龍　法蔵館
『ノンフィクションの技術と思想』　岩川隆　PHP研究所
『「明治」「大正」犯罪史』　加太こうじ　現代史出版会
『図説　死刑全書』　マルタン・モネスティエ著／吉田晴美・大塚宏子訳　原書房
『死刑って何だ』　村野薫　柘植書房
『奇談追跡』　佐藤清彦　大和書房
『死刑の大国アメリカ』　宮本倫好　亜紀書房
法学セミナー増刊「死刑の現在」　日本評論社
「自由と正義」　第42巻10号　特集・死刑を考える　日本弁護士連合会
「創」　一九九七年一月号　永山則夫と死刑問題　創出版
「ごましお通信」　第47号　益永美幸
「判例時報」　一〇九九号
「インパクション」　41号　特集・死刑囚は訴える　インパクト出版会
『オウム「教祖」法廷全記録』　毎日新聞社会部編　現代書館

『オウム法廷』降幡賢一　朝日文庫
『私が見た21の死刑判決』青沼陽一郎　文春新書
『サリン事件　科学者の目でテロの真相に迫る』A・T・Tu　東京化学同人
『サリン事件死刑囚　中川智正との対話』アンソニー・トゥー　角川書店
『死刑執行された冤罪・飯塚事件』飯塚事件弁護団編　現代人文社
『オウムと私』林郁夫　文藝春秋
『死刑執行は正しかったのか』狭山差別裁判478号　部落解放同盟中央本部 中央狭山闘争本部
『再審改正法が必要だ』狭山差別裁判483号　部落解放同盟中央本部　中央狭山闘争本部
『「オウム真理教事件」完全解読』竹岡俊樹　勉誠出版
『宗教事件の内側　精神を呪縛される人々』藤田庄市　岩波書店
『〈オウム真理教〉を検証する　そのウチとソトの境界線』井上順孝他編　春秋社

近藤昭二（こんどう・しょうじ）

1941年、名古屋市生まれ。ジャーナリスト、シナリオライター、ＮＰＯ法人731部隊・細菌戦資料センター共同代表。主に事件・司法問題を取材、番組を制作。シナリオでは「ニワトリはハダシだ」が、ベルリン映画祭招待上映・東京映画祭最優秀芸術貢献賞・年間代表シナリオに選出される。著書に『今、明らかになる！衝撃犯罪と未解決事件の謎』（二見書房）『月蝕の迷路—徳島ラジオ商殺し事件』（文藝春秋）『731部隊・細菌戦資料集成』（柏書房）、訳書に『死の工場—隠蔽された731部隊』（柏書房）などがある。

＊編集協力　オフィスＴＯＭＡＴＯ

本書は、1998年に文庫版、2008年に単行本で刊行された『誰も知らない「死刑」の裏側』の改装改訂新版です。

二見レインボー文庫

誰《だれ》も知《し》らない「死刑《しけい》」の舞台裏《ぶたいうら》

著者　近藤昭二《こんどうしょうじ》

発行所　株式会社 二見書房
東京都千代田区神田三崎町2-18-11
電話 03(3515)2311［営業］
03(3515)2313［編集］
振替 00170-4-2639

印刷　株式会社 堀内印刷所
製本　株式会社 村上製本所

落丁・乱丁本はお取り替えいたします。
定価は、カバーに表示してあります。

ISBN978-4-576-18155-4
http://www.futami.co.jp/

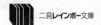